生野南小学校教育実践シリーズ

第3巻

子どもたちの「今」を輝かせる学校づくり

トラウマ・インフォームド・エデュケーション

編著　小野太恵子・木村幹彦・西岡加名恵

Ikuno Minami Elementary School,
Educational Practice Series

日本標準

子どもの権利が守られる学校づくり

　最初に私自身の思い出を振り返ってみよう。小学4年生のとき，友達に「おれらは差別されている」と泣きながら打ち明けられた。聞けば別の友達の親が「あの子らと遊んだらあかん」と言っているとのこと。「大人のくせに，なんでそんなこと言うやつおるんや」と一緒に悔しがり友達を慰めた。大人の理不尽を強く感じた瞬間で，それ以降は先生にも疑いの目を向けるようになった。中学1年生の2学期に転校すると，しつこくちょっかいをかけてくる同級生がいて，ある日，耐え切れずに激しくやり返した。厳しく指導されると思っていたら担任の社会科の先生は，「降りかかる火の粉は，払わなしゃあないな」と言ってくれた。子どもの気持ちをわかってくれる先生がいることに気がついた。

　1985年度，自身が社会科教師として新任で勤めた中学校は，激しく荒れていた。私と同時に17名が着任したが，そのうち9名が新任だった。いじめや生徒間暴力，対教師暴力にも十分対応できないなか，「教育的配慮」の名のもとに生徒間の暴力加害行為が職員会議でうやむやにされてしまいそうになった。思わず立ち上がって「この学校には日本国憲法が適用されないんですか」と叫んでしまった。このままでは，自分も理不尽な大人になってしまう。翌日から，先輩や同僚の教師らと，今まで以上に協力して，授業はもとより生徒会活動や部活動で自分ができることを必死でがんばった。「日本国憲法」のくだりは，新任の同僚に何度も茶化されたが，それとは裏腹に，皆がいっそうがんばってくれるようになった気がした。そして，「荒れ」は急激に収まっていった。

　教諭として勤めた3つの中学校では，いずれも生徒会活動と部活動で，生徒たちの自己効力感を上げ，一定程度，「荒れ」は収束できた。しかし，中学生でも環境要因からひらがな，カタカナ，簡単な漢字，九九等の習得が十分でない生徒がおり，これらの生徒の自己実現をどう図るかということに明確な答えは見いだせなかった。

　2011年度に田島中学校教頭から生野南小学校へ教頭として赴任したとき，子どもたちによる激しい暴言や暴力，器物破損，授業離脱，教師への反抗が多発する状況で，とりわけ児童養護施設から通う子どもたちの状況が厳しかった。前年度に赴任していた田中梓養護教諭は，保健室から対暴力・暴言の生活指導を始めていた。そこに自分の手法を加えて「荒れ」を克服しようと考えた。暴力のトラブルに対して「泣き寝入り」と「けんか両成敗」を排除し，被害の訴えがなくても，加害的な行為に介入した。しかし，そもそも暴力をふるう動機をどのようになくせばいいのか。「衣食足りて礼節を知る」が，学校では「学力足りて礼節を知る」ではないかと思った。

　2013年度に着任した山元ひとみ校長は，「自分の思いを『ことば』で伝えることが子どもを育てる」という方針を打ち出し，国語科研究を始めた。また，2012年度に着任していた小野太恵子教諭が研究部長となり，研究体制を整えるとともに，「学力向上」を支える基盤として「生活指導」と「人権教育」（仲間づくり・同和教育・在日外国人教育・国際理解教育・障害者理解教育・平和教育・性教育・地域学習）を位置づけた。学習指導要領の「生きる力」（知・徳・体）のすべてが弱いのは，子どもたちに十分な「徳」を身につける機会が保障されてこなかったからではないかとの思いがあった。

2016年度には別所美佐子教諭も加わり，「人権教育」に生教育を加え，いわゆる「性・生教育」，本校でいうところの「『生きる』教育」とした。

　「心を育てる国語科教育」の研究は，「『暴れる』力から『ことば』の力へ」と子どもたちを導き，「『生きる』教育」の研究は，「心の傷に寄り添う」「新たな心の傷を作らない」取り組みとなり，学校を「安全・安心・愛情」の場へと少しずつ変えていった。すると子どもたちは落ち着き，校内から暴力が消えていった。しかし，その状況に満足するのではなく，子どもたちにさらに良質の授業を提供できるよう努力を続け，その結果，学力も向上していった。

　一人ひとりの子どもの「人権」を徹底して守ろうとしたことが，子どもたちに教員からの愛情を感じさせ，子どもたちの心の傷の癒しになったように思われる。また，「暴れる」力で自己表現していた子どもたちに「ことば」の力で表現することを教えたことで，学校が「安全・安心・愛情」の場に変わったことを子どもたちも実感するようになっていった。

　これらの取り組みを進めつつ，子どもたちの心の傷に寄り添い，新たな心の傷を作らないようにしてきたことが効果を生み，さらにトラウマやアタッチメントについての理論を職員で共有し，「『生きる』教育」を充実させたことで，これらの指導方法が強化された。

　その結果，加害の立場の子どもも正しい学びへと導くことができる児童支援体制の基盤ができ，今日に繋がってきたと考えている。

　田島中学校に勤務していた3年間を含め，私が見てきた13年間だけでも5人の校長と4人の教頭，多くの教職員，そしてご指導賜った多くの方々，保護者，地域の皆さまが関わってきて今に至った。生活指導，国語科教育，「『生きる』教育」からすべての教育活動にわたって，子どもたちの過去に思いを馳せ，今と向き合い，未来を輝かせるために関わっていただいた皆さまに深く感謝する。

　京都大学の西岡加名恵先生より書籍化のお話をいただいてから，ついに第3巻に至った。

　本書を手にした方には，子どもたちに権利を教えることを恐れないでいただきたい。道徳は心構えを教え，人権教育は具体的解決方法を教えるということで，相互に補完しあっている。権利を教え，自分が守られていることを知らせることが重要である。歴史的にみて，人権はルールとして法に記されるまで押し上げられた。もし人権が守られていなかったら，子どもたちは守られる方法を考える。そして，子どもたちは，自分の権利が守られていてこそ他人の権利を守ろうとする。

　大人が本当に子どもたちの権利を守ろうとしているかが問われている。

　2024年2月

大阪市立生野南小学校 校長（2018〜2021年度）
大阪市立南市岡小学校 校長（2022年度〜）

木村幹彦

目　次

第7章

子どもたちと保健室の関わり
──生野南小学校から田島中学校へ　14年間を通して── (153)

生野南小学校の10年間

西岡加名恵

上：「ことばの樹」の掲示（2022年3月）
下左：廊下にずらりと貼られた「子どもの権利条約」
下右：校歌

　2022年3月，生野南小学校の廊下に準備された「ことばの樹」には，子どもたちからの温かい言葉が書かれた花びらの数々が貼られていた（写真参照）。「友だちがたくさんできた」「先生がいろいろ，やさしくいろんなことをおしえてくれた」「いろいろなイベントがあって思い出をたくさんつくれた！」「ホテルでおさしみがおいしかった」「6年生のみんながやさしくしてくれた」「こんなにかわいい3年生に出会えた　生野南小学校ありがとう！！」——しかし，2011年度当時の当校では，そもそも廊下にサインペンを置いて，子どもたちに自由にコメントを書くことを促すなど，想像もできない状況が広がっていたという。

　本章では，当校が10年間に経験した変化を整理する。「荒れ」を克服し，学力向上をも実現した経緯をたどるとともに，以下，本書の各章で紹介するさまざまな取り組みを概観しておこう。

　大阪市立生野南小学校（2022年4月より田島南小中一貫校に統合）は，独自の教育プログラム「『生きる』教育」で注目された学校である[1]。「『生きる』教育」とは，「子どもたちにとって一番身近であり，心の傷に直結しやすいテーマを授業の舞台にのせ，社会問題としてとらえなおす。示された『人生の困難』を解決するために必要な知識を習得し，友達と真剣に話し合うことで，安全な価値観を育む。授業の力で子どもたち相互にエンパワメントを生み出し，個のレジリエンスへつなげることをめざす」教育である[2]。

　4年生の「『生きる』教育」のライフストーリーワークでは，最近，うれしかったこと，悲しいこと，困っていることなどを，子ども同士が1対1で話し合う「面接」の授業がある。第2巻の「あとがき」でもふれたとおり，2020年度の別所美佐子教諭の教室では，下記のような対話が行われていた（「"生きる教育"で心はぐくむ——大阪・生野南小学校　4か月の記録」『かんさい熱視線』NHK，2021年2月5日。以下，子どもの名前はいずれも仮名）。

ハルト：「最近困っていることはありませんか？」

ケンタ：「最近困っていることは，友達関係に困っています。仲よくなりたいけど，ついついいらんことを言ってしまって困っています」

ハルト：「そっかぁ［考え込む］まあそうやなぁ。その相手が嫌がることをなんとか言わんくすればいいけど，それがなかなかできへんの？」

ケンタ：「そうそう」

ハルト：「結論なぁ。どうする？　［考え込みつつ］ん〜，どうしたらええんやろうなぁ。つい言ってしまうんやろ？」

ケンタはうなずく。不安そうに身体をゆすっている。

ハルト：「なんか気をつけていかんと…」

　この会話の後，ハルトは「友達へのせっし方を工夫すればよいんじゃないですか」というアドバイスを書いた付箋紙をケンタに贈った。悩みを打ち明けたケンタは，取材者のインタビューに答えて，「秘密のことを初めて言うからどきどきした」「［聞いてもらって］気持ちがすっきりした」「あおりを止められるようになりたい」と語った。横で聞いていたハルトは「ケンタくん優しいからなれる」と励まし，ケンタは「うれしい」と言って，ハルトから受け取った付箋紙を真剣に見つめていた。

　こんな対話もあった。

> ジュン：「実は最近友達が大工になりたいと言って困っています。最近母のいとこ
> 　　　　が大工の工事で高い場所から落ちて亡くなりました。なので友達にも亡
> 　　　　くなってほしくないので，大工になってほしくないです」
> アキラ：「[驚いて]えっ，亡くなっちゃったん。[考え込んで]それは重い話…」

　「重い話」を打ち明けられる安心感，それを受け止めて一緒に悩む優しさが育っていることがわかる一場面といえよう。番組を見て，私（西岡）は，小学校4年生の男の子たちがこんなにもしっとり温かい会話を行うことができるのか，と目を見はった。

　こうして生野南小学校の実践に興味をもった私は，2021年度には計15回，当校に足を運ぶこととなった。子どもたちはいつも前のめりに授業に参加し，ワークシートに勢いよく書き込み，しばしばチャイムが鳴っても集中して学び続けていた。印象的だったのは，休憩時間の子どもたちも穏やかで温かかったことである。さまざまな学校を訪問すると，授業中はよそ行きの言葉で話していた子どもたちが，休憩時間には簡単に「死ね」「殺す」などと軽口をたたき合っていたり，ちょっとびっくりするぐらい荒っぽく「じゃれ合って」いたりする。しかし，生野南小学校では，まったくそれがなかった。

　ところが，2011年度当時の生野南小学校では，暴力や暴言があふれていたという（図序-1 参照）。なぜ，10年間でそんなにも学校は変わったのか。本書は，その足跡をたどるものである。

図序-1　2012年度当初に見られた「荒れ」[3]

転落事故
隷属的な力関係
器物破損
性に関する問題行動
ルール無視
教室で盗み
授業妨害
感情の爆発
動物虐待
ラインでのいじめ
心をえぐるような言葉
公共物への引火
エスカレートする友達への暴力
万引き

まず，生野南小学校がある地域の特徴を確認しておこう[4]。生野区の生活保護率は7.24％（2017年3月）であり，これは西成区，浪速区についで高い数値となっている[5]。また，生野区の総人口（126,930人）に占める外国人人口は21.6％（27,460人）であり，韓国・朝鮮人（20,397人）のほか，中国人（2,842人），ベトナム人（2,898人）も暮らしている[6]。生野南小学校の教員数は16名，児童数170名（2021年度）であり，児童のうち約1割が地域にある児童養護施設から通ってきていた。

2010年度ごろから2012年度の秋ごろまで，生野南小学校では，激しい暴言・暴力，規律違反や窃盗，器物破損，授業離脱，教師への反抗が連続的，多発的に起きる状態だった（本書第1章・第7章参照）。**図序－2**は，当校における要医療件数の推移のグラフである。2010年度・2011年度の対人関係による要

図序－2 要医療件数の推移

（件）

不注意　対人関係

医療件数は，それぞれ25件・24件に上っている。2014年度には，多くの教師が異動したことに伴って，子どもたちの「試し行動」が続発し，いったん，要医療件数が増加した。しかし，その後，件数は激減し，2019年度には対人関係による要医療件数はついにゼロ件となっている。

当校の変化は，学力向上という側面でもとらえられる。当校では，学力，なかでも特に「ことばの力」の育成に重点的に取り組んできた（本書第4章，ならびに本シリーズ第2巻参照）。実際に「ことばの力」が伸びていることを示す証左として，2014年度と2020年度の卒業文集（644字以内で自由題の作文を書いたもの）に掲載された作文の質の違いが挙げられる。2014年度の方は，楽しかった思い出，習い事や趣味，中学校でがんばりたいことといったテーマを複数取り上げて羅列的に書いているものが大多数であった（1つのテーマに絞って書いているものは36本中6本[7]）。「いろいろなこと」等の表面的な記述や事実の列記が多い。一方，2020年度は，1つのテーマに絞って書いているものが大多数（35本中31本）であり，具体的な詳細が伝わってくるものが多い。自分自身や友人関係などに関する悩みや困難をどう乗り越えたのかを書いているものも増えている（2014年度は1本だったが，2020年度には14本にのぼる）。子どもたちが物事をとらえる目がより精緻になり，それを豊かに表現する力が

育っていることがうかがわれる。資料序-1には，2020年度の卒業文集に掲載された子どもの作文の例を示している。

　学力面での変化は，「全国学力・学習状況調査」の結果にも表れた。図序-3は，国語科と算数科の結果の推移である。当校では狭い意味でのテスト対策などは取り立ててなされていないものの，2019年度には全国平均を上回る成績となっている。

資料序-1　卒業文集に掲載された子どもの作文例

（卒業文集に掲載された子どもの手書き作文）

図序-3　「全国学力・学習状況調査」結果の推移

■国語科
（点）
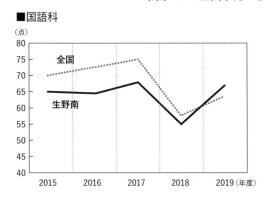

■算数科
（点）
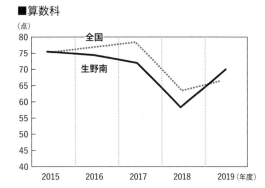

第3節 学校づくりのプロセス

では，このような学校の変化は，どのようにしてもたらされたのだろうか。研究部長として小野太恵子教諭は，学力向上，生活指導，人権教育の3つを研究の柱として位置づけた（図序-4）。しかしながら，実は，これは後付けで整理したものである。

図序-5は，当校がどのような時系列でカリキュラム改善を進めていったのかを概観したものである。2011年度に経験していた激しい「荒れ」に対し，まず教師たちが取り組んだのが一貫性のある生活指導と人権教育の充実であった。頻発する問題行動に対しては，一貫した対応を取る方針が明確にされた。「荒れ」た中学校で勤めてきた木村幹

図序-4 生野南小学校研究の3本柱

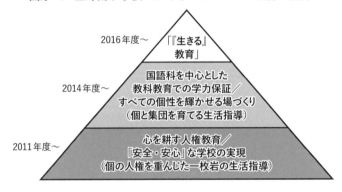

図序-5 生野南小学校におけるカリキュラム改善の経緯[8]

彦教頭（2011年度当時，後の校長）は，子どもたちの心の傷を増やさないような生活指導の進め方についての知見を教師たちに提供し，チーム学校として子どもたちの指導に取り組む体制が整えられていった（第1章参照）。

また，子どもたちの関係を編み直すように，さまざまな文化的活動が取り組まれ，子どもたちの活躍の場がつくられていった（第2章参照）。たとえば，小野教諭は，学級経営にあたって，年間指導計画を見通しつつクラスの子どもたち一人ひとりの活躍の場をどこにつくるか，クラスの子どもと子どもの関係を深め，どう集団としての質を高めるかを考えるという。子どもの活躍の場は，行事などの特別活動にはとどまらない。たとえば，国語科のディベートや体育科のチーム戦でリーダーを担う，社会科係を担当する，図画工作科で共同制作する掲示物をデザインするなど，さまざまな得意分野をもった子どもたちがそれぞれ活躍できる場をもつこと，さらには苦手なことにもチャレンジできる機会を提供す

ることがめざされている。もちろん行事は，個々の子どもを育て，集団の活気とつながりを大きく高めるうえで大きな意味をもつ。音楽集会，運動会での応援合戦，学習発表会での演劇などでは，教師が妥協を認めず高い質のパフォーマンスを求める壁となることで，子どもたちは否が応でも対立を乗り越え，仲間同士の結束を高めざるをえなくなる。本書第5章では，演劇教育の詳細を紹介している。

　同時に，人権教育についても系統的な指導が行われた。当校の人権教育は，キャリア教育，在日外国人教育，平和教育，国際理解教育，障害者理解教育，同和教育，地域学習で構成される。そこでは，「正しく知ること」「ちがいを認め合うこと」「段階を追った学習の上に差別の事実を知ること」「課題解決の視点をもつこと」を重視した取り組みを進めることにより，子どもたちの「心を耕す」ことがめざされた（第3章参照）。

　2014年度からは，「暴力」ではなく「ことば」でコミュニケーションができる力を子どもたちに育てること（「学力向上」）をめざし，国語科教育の授業研究が始まった。田村泰宏氏（甲南大学教職教育センター）の指導・助言を受けつつ，各年度に各学年1つずつの教材で研究授業が行われた（第4章参照）。本シリーズ第2巻でも報告したとおり，先生方は，すべての子どもたちにとって充実した学習を保障する授業が提供できるよう，細やかな工夫の数々を凝らすこととなった。

　以上，述べてきた取り組みを通して，子どもたちの「荒れ」は沈静化し，生活態度や学力など，さまざまな分野での向上が確認された。しかしながら，「自己肯定感」の向上が見られない子どもたちが2割〜3割，存在し続けていることが課題として浮かび上がってきた。「あなたは自分のよい所を見つけることができますか」という問いに否定的に回答する子どもたちの多くには，「家族関係」や「生い立ち」の困難があった。

　そのような折，小野教諭は，2016年夏の研修会で，子ども虐待を研究する西澤哲氏（山梨県立大学）の講演[9]と，虐待防止をめざしてシングルマザーへの支援などに取り組む社会福祉士の辻由起子氏の講演[10]を，相次いで聞く機会を得た。こうして開発されたのが，「『生きる』教育」である（第6章参照）。やがて「『生きる』教育」は，田中梓養護教諭の尽力により，子どもたちが進学する田島南中学校でも「性・生教育」として実践されるようになった。

　生野南小学校の教育実践について，後に西澤氏は，「トラウマ・インフォームド・エデュケーション（trauma-informed education：TIE）」だと評価されている[11]。TIEとはトラウマを認識した教育，すなわち子どもがトラウマを抱えているかもしれないことを前提とした教育である。生野南小学校において教職員が子どもたちのトラウマを前提とした教育実践を行うことで「荒れ」を克服できたことは，TIEの重要性を示す一例といえるだろう。なかでも，「『生きる』教育」は生野南小学校のTIEの中心にある教育プログラムである。ただし，そのプログラムを子どもたちにとって納得のいくものとして届けるためには，子どもたちの権利を尊重する学校づくりが基盤となっていることが見逃されてはならない。

　以下の章では，当校の取り組みの詳細について解説していこう。

| 注 |

⑴　当校の「『生きる』教育」は，大阪市が進める「性・生教育」や文部科学省の「生命（いのち）の安全教育」のモデルの一つとなっている。2019年には第34回時事通信社教育奨励賞優良賞を受賞し，「産経新聞」（2020年8月26日付）などでも報道されている。また統合後の田島南小中一貫校の実践は，三谷はるよ『ACEサバイバー ── 子ども期の逆境に苦しむ人々』（筑摩書房，2023年）においても注目の事例として紹介されているほか，朝日新聞の連載「いま子どもたちは」においても取り上げられた（2023年11月17日～22日，12月4日）。

⑵　小野太恵子「『「生きる」教育』とは何か」西澤哲・西岡加名恵監修，小野太恵子・木村幹彦・塩見貴志編，才村眞理・竹内和雄・橋本和明・大阪市立生野南小学校・田島中学校著『「『生きる』教育」 ── 自己肯定感を育み，自分と相手を大切にする方法を学ぶ（生野南小学校教育実践シリーズ第1巻）』日本標準，2022年，p. 12.

⑶　小野太恵子教諭の講演「『生きる』教育」（京都大学学際総合教育研究推進ユニットリプロダクティブ・ヘルスライトユニット主催オンライン研究会「生きる教育，性教育，どうやって広める？～包括的性教育の大切さ～」2021年2月11日）資料より。（https://www.youtube.com/watch?v=erfST4HgdDU）。ただし，中央のイラストは差し替えた。

⑷　西岡加名恵・小野太恵子「『荒れ』を克服し『学力』を保障するカリキュラム改善のプロセス ── 大阪市立生野南小学校の事例検討」（『カリキュラム研究』第31号，2022年3月，pp. 29-41参照。

⑸　大阪市「生活保護状況2017年3月分」（https://www.city.osaka.lg.jp/shimin/page/0000404454.html，2022年1月9日確認）。

⑹　生野区「住民基本台帳人口・外国人人口2021年3月末日現在」（https://www.city.osaka.lg.jp/ikuno/page/0000427171.html，2022年1月9日確認）。

⑺　文集は西岡と研究協力者（他校の教員）が分析し，2人の評価が一致したものを1本とした。両年度とも担任は小野であり，執筆について取り立てた指導は行っていない。

⑻　西岡・小野，前掲論文，p. 38.

⑼　西澤哲「子どもの回復に向けた支援 ── 総論」公益財団法人明治安田こころの健康財団主催2016年度子ども・専門講座『虐待を受けた子どもの回復に向けた支援のあり方 ── 精神療法，心理療法，ソーシャルワークの現場から』2016年7月30日。

⑽　辻由起子「すべてのこどもの安心と希望の実現のために ── 子どもの貧困の現状とその対応策について」生野区役所職員向け夜間自己啓発セミナー，2016年8月9日。

⑾　西澤哲「生野南小学校のトラウマ・インフォームド・エデュケーションの実践」2021年度大阪市立生野南小学校公開授業・研修会での講演。

「荒れ」からの回復
——「安全・安心」の保障——

木村幹彦

3年生の「『生きる』教育」で
「子どもの権利」を学ぶ

運動会のスローガンを掲げる
児童会の子どもたち

　かつて生野南小学校は，子どもたちの激しい「荒れ」に直面していた。その現実に追われ，子どもたちのために学校に何ができるのかを，暗闇のなかで手探りで探しているという状態だった。

　そこで，しきたりにとらわれず，純粋に子どもの目線，保護者の目線に立って，対立構造を作らないきめ細かな生活指導を重ねた。具体的には，子どもたちについて徹底した見守りを行い，事前指導によって問題行動の発生を極力，防ぎにいく指導である。これらの取り組みにより，やがて「荒れ」は沈静化し，「安全・安心」な学校が実現されていった。

　本章では，生野南小学校が「荒れ」を克服するに至った生活指導のあり方について，解説しよう。

第1節　激しい「荒れ」の状況

1　不適切な行為を学ぶ負の連鎖

　2011年度当時，生野南小学校は，子どもたちの激しい暴言や暴力，器物破損，授業離脱，規律違反，窃盗，教師への反抗が連続的，多発的に起きる状態となっていた。

　子どものなかには，「今までに教師何人辞めさせたった」と豪語する者さえいた。実際，他校から着任して5年生の担任となったベテラン教員が，新学期早々1週間で辞めてしまったという例もあった。理由は，「校区内の児童養護施設から来ている子どもたちの集団が，教室内で暴力を伴う激しいいじめをしているが，施設内での人間関係から起こっていて，まったく指導が入らない」とのことだった。そのようなことが全校的に起きているという状況だった。

　そんななか，私自身がいちばん驚いたのは，校区内の児童養護施設から通っている5年生の子どもがほかの子どもに暴力をふるい，私の注意を振り切って逃げたときのことだった。校舎裏の塀を乗り越えたりしながら学校2周分ほど逃げ回ったその子は突然，地面に頭を擦り付けて，私に土下座して謝ったのである――地面に土下座して，教員に謝る小学生がほかの学校にいるだろうか。この子はいったいどのように過酷な人生を歩んできたのだろう。自問しつつ，当時の学校の「荒れ」が並大抵の「荒れ」ではないことを強く実感せずにはいられなかった。

図1-1　不適切な行為の学びの連鎖

教師たちは当初，連続的・多発的な問題行動を指導しきれない，制止すらしきれない状況にあった。教員集団と子ども集団の力関係が逆転してしまったため，問題行動の内容も過激になり，加わる子どもも多人数となっていった。生野南小学校は，地域にある児童養護施設から通ってくる子どもたちが約１割を占めている。その心傷ついた子どもたちのうち複数名が激しく暴れまわることが，ほかの子どもたちにも影響し，制止・指導がきわめて困難な状態に陥っていた（図１-１）。

　この状態が続くことで，ほかの子どももそれらの行為を見てしまう。当初は教師に反抗することなど思いつきもしなかった子どもたちが，荒れる子どもたちから不適切な行為を学び，不適切な行為の学びが連鎖していってしまうこととなった。さらには力の強い子どもが弱い子どもに不適切な行為を強要する。そのような強要の仕方すらもが，ほかの子どもたちに学ばれ，連鎖していった。負の連鎖は学級・学校全体に蔓延し，暴力行為や弱いものいじめをする子どもに教員の制止や指導はますます入らなくなっていった。学級崩壊を超え，学校崩壊という状況になってしまったのである。

② 子ども間の力関係のピラミッドと教員の不適切な指導

　そうなると子どもたちは自らの身を守るために，子どもたちの力関係ピラミッドのなかで，より上位にはい上がろうともがき苦しむこととなる（図１-２）。なかには，より力のある子どもに取り入って，子分のように振る舞いながら，力の弱い子に威張りちらしたり，暴

図1-2　学級内の権力ピラミッド

力をふるうことによって自分の身を守ろうとしたりする子どもも現れてくる。

　また，保護者もわが子が下位におかれないために，「やられたらやり返せ」と子どもを叱咤激励せざるを得なくなってしまう。そんなとき教員が，このような構造が基盤にあることを無視して，保護者を非難したり，子分のように振る舞う子どもだけを叱ったりしても，彼らの心に響くわけがなかった。

　そして，最後には教員までもがこの負のスパイラルに巻き込まれていった。教員自身が苦しみながらも自分も力のピラミッドの上位にはい上がろうとして，次のような行動をとってしまっていたのである。
- ほかの子どもを指導する際に，強い子どもに迎合，むしろ利用してしまう。
- 強い子どもがやったことは見て見ぬふりをする。弱い子どもにだけ厳しい指導をして，自分の威厳を保とうとする。
- 被害の訴えがあると加害児童を指導しないといけないが，指導しきれないとわかっているので，つい見て見ぬふりをして，弱い子どもたちに「泣き寝入り」を強いる。
- 悪口を言ったからという理由で，激しい暴力をふるわれた弱い立場の子どもに対し，「どちらも悪いからお互い謝りなさい」と，本来の被害者にも謝罪させるような指導をする。
- 「けんか両成敗」という言葉で著しくバランスを欠く指導をし，偽りの仲間づくりのために個人の尊厳を犠牲にする。

　このように弱い子どもを犠牲にして，その場しのぎで終わらせるような指導を教員が続けると，強い子どもが味をしめて，弱い子どもに執拗に嫌がらせをし，一言でも言い返したらボコボコにして，「お互い謝る」にもち込むようになってしまう。さらにこのようなことを指導しきれないと，強い子どもが弱い子どもをわざとキレさせて暴力をふるったり，弱い子どもがそもそも何もしていないにもかかわらず，「こいつも死ねと言ってきた」「こいつから殴ってきた」などと嘘の主張をしたりして，一方的な暴力をまかり通らせるようになってしまった。これは，被害児童がまったく救済されない状態である。

　この段階で加害児童の保護者に協力を求めても，わが子をいじめの加害者にしたくない保護者は自己保身に走り，「うちの子は嘘をつかない，被害児童から殴ってきたのではないか」などの主張をされる。被害児童は救済されるどころか，さらに傷つくこととなる。

　これでは，教員がいじめを受けた子どもの二次加害に加担しているのと同じであろう。しかし，これらの状態が，まさに当時の生野南小学校の姿であり，子どもたち側から見ると学校は，「安全・安心」どころか，教員から守ってもらえるという愛情すら感じることができない場所になってしまっていた。

第2節　「荒れ」を克服し，「治安」を回復する

「脈絡のない突発的な暴力，心をえぐるような暴言，そのかたわらで無気力状態にある子どもたち」には，「大人一人を病ませるだけの破壊力」があった（『大阪市立生野南小学校研究紀要』2021年度より）。すっかり疲弊していた教員たちに，当時，教頭だった私は，このような事態においては「全速力で逃げるか，全力で立ち向かうかのどちらかしかない」と語りかけた。荒れた中学校で勤めてきた経験から，私自身は，「適切に働きかければ，学校の『治安』は回復できる」という見通しをもっていた。

「公立学校の教員こそ，子どもたちの人生の土俵際で踏ん張らなければならない」と考えた小野太恵子教諭（2012年度着任，2014年度より研究部長）をはじめとする先生方が，全力ですべての手立てを打ってくださったことで，2012年度秋ごろには学校はかなり落ち着いた状況となっていった。印象的だったのは，2013年度の6年生の1人が，卒業式の日につかつかと近づいてきて，「先生，治安を回復してくれて，ありがとうございました」と言ってきたことである。確かに，荒れていた学校の「治安」は回復した。

以下，具体的な手立てを紹介しよう。

1）「泣き寝入り」と「けんか両成敗」の排除

対人関係，とくに暴力のトラブルに対してまず始めたことは，「泣き寝入り」と「けんか両成敗」を排除し，個々の事案に対して的確な指導をしていくことだった。それは，被害の訴えがなくても，加害的な行為に介入して弱い立場の子どもを守り，執拗な嫌がらせに我慢しきれずやり返してしまった子どもを責めずに守ることだった。

暴れている子どもは制止し，校長室に連れていくなどして，ほかの子どもたちの目に触れないようにした。教員は子どもの身体に触れると体罰になるのではないかと恐れ躊躇するものだが，暴力行為や自傷行為を制止するために，必要最小限，子どもの身体に触れることは「体罰」ではない，と職員会議で確認した。たとえば，暴力を振るわれている被害児童を守るために加害児童の腕をつかんだりすることは，いわば正当防衛のような正当な行為である —— 実際に暴れている子どもを制止するには，私が柔道経験者であり，相手を傷つけずに制止する手立てを知っていたことも役立った。さらに，素手で窓ガラスを割ろうとするような自傷行為に対しても，緊急避難として腕をつかんでもかまわないということを共通理解した。

さらに，子どもたちには，「デコピンしようは決闘罪」「かかってこいでも傷害罪」「わざとじゃなくても過失致傷罪，未必の故意」ということをわかりやすく教えるとともに，暴力類似行為は，デコピンや通せんぼといった軽微なものも見逃さず，徹底して指導するこ

とにした。「死ね」や「殺す」といった暴言も聞き逃さず，必ずその場で「人に死ねとか言うな」「そんなことを言ってはいけない」と伝えて指導することを徹底した。

　いじめや暴力行為といった問題行動への対応にあたって最も重要視したのは，一つ一つの事案に対して徹底した聞き取りを行い，事実を裏付ける具体物を確保しつつ，正確な事実把握をすること，これをもとに正しい判定と指導をすることだった。「いじめ防止対策推進法」第2条には，いじめとは「当該行為の対象となった児童等が心身の苦痛を感じているものをいう」とある。また「大阪市いじめ対策基本方針」には，「いじめを受けた子どもの『救済』と『尊厳』を最優先しなければならない」と記されている。これらの理念に基づいて，一人ひとりの人権を徹底的に守るため，次の3点を重視した。

　第1に，初動のスピードである。まず，子どもたちのSOSや問題行動などの情報がすぐに入ってくるように，日ごろから教職員間の連携をつくっておく。そのうえで，いじめや問題行動が起こった場合には，即座に被害児童を最優先に救護と保護にあたった。身体に対して有形力が行使された場合は必ず養護教諭が見て，加害行為によるけがであることを踏まえ，医師に診せる必要なしと確実に判断できる場合以外は医療機関で受診させた。教員が些細なけがだと判断しても，被害児童の保護者はちゃんと病院に連れていってほしかったと考えるかもしれない。このようなけがについて医療機関につなぐことは，保護者からの信用を得ることにもつながった。一方で，加害児童もほかの子どもたちから引き離して別室に連れていき，周りの児童への威圧や被害者に対する否定的な情報の拡散を防ぐことを最優先とした。

　第2に，正確な実態把握である。聞き取りは個別で行い，被害児童を先にする。事実を見誤らないように細心の注意を払いながら，事案に関わるすべての子どもたちを順に呼び出し，時系列に沿って物理的な状況などを聞き取るとともに，具体的な証拠となるものがあれば確保した。こうして明らかになった事実を手立てに，両者の被害・加害の度合いの認識にズレのない状態で指導を行った。

　第3に，加害児童に対して望ましい行動を指導する。加害児童であっても人格を否定するのではなく，子ども自身に自分の行いが周りにいる友達に与える影響を考えさせ，相手の立場に立たせるということに重点を置いた。なかには，「自分だけじゃない。周りもやっているのに……」と言う子どももいるが，そこでひるんではいけない。「おまわりさんだって，すべての犯罪者を捕まえられるわけではないけれど，捕まったら罰せられるのが世の常だ。『自分だけじゃない』と言ったら，『反省してません』と告白しているようなもので，罰が重くなるだけだよ」と伝えた。ドーンとほかの子どもにぶつかっている子どもが，「『やめて』とは言われなかった」と言い訳をした例もある。「たとえ本人から『なぐってくれ』を言われても，なぐったらダメなのだ。傷害罪は被害の訴えが無くても成立する（親告罪ではない）」と言って聞かせる。相手にけがをさせたのに，「わざとじゃなかったから，謝らない」と言った子には，「交通事故の例にあるように，わざとでなくても相手に被害を与えた

ら謝らないといけないのだ」と説明した。こういった社会のルールを踏まえることができたのは、私自身が以前、中学校で社会科教員として勤めていたことが生きたといえるだろう。

こうして自らの行為を振り返らせた後、「今からどうする？」「これからどうする？」と問いかけ、取るべき次の行動も自らが考えるように促した。加害児童が謝りたいと言い、被害児童も同意した場合は、謝る機会をもたせた。ただし、子どもにその意思がないのに謝らせようとすると、かたくなに拒否されたり、後から謝罪を強制されたと言われたりして、被害児童がさらに傷つくことになるので、加害児童に対して謝罪を強制はしなかった。加害児童に謝罪の意思がない場合は、被害者保護の観点から、加害児童は学年を問わず「学校安心ルール」（次ページの資料1-1）に基づいて別室学習にした。

「学校安心ルール」とは、大阪市教育振興計画（2016年3月変更）に掲げられた「子どもが安心して成長できる安全な社会の実現」で、いじめ・問題行動に毅然と対応するため、問題行動の重篤度と学校等の措置を一対一対応させたもので、2018年度4月より各学校版が運用されている。生野南小学校版については、ほぼ大阪市のものを踏襲する形で作成した。この「学校安心ルール」は、児童と保護者に、どのようなことをしたら、どのような対処になるのかについて、あらかじめ示しておく点で意義が大きい。たとえば、「第3段階」の行為をした子どもを10分か15分、教室から出して指導をするような場合にも、「大阪市のルールをそのままやっているだけだ」と説明することができる。

ただし、子どもたちの納得感を大切にするために、そのまま機械的に当てはめるような運用にはしなかった。以前、家庭裁判所の調査官から、「いきなり少年院に入れるのでは効果がない。手立てを重ねていって、『さすがにここまでしたら、少年院に入れられても仕方ない』と本人が納得するのでないと、少年院に入れてもダメ」と漏れ聞いたことがある。たとえば、授業妨害をする子どもがいた場合、なかなか止まらないならいったん廊下に出す、授業妨害しないと約束したら、また授業妨害したら出す……を繰り返したうえで、どうしても難しければ別室指導へと進める。その際、人の邪魔をすることは、その人の権利を妨害することなので、その人の権利を守るために、この措置を取っているのだ、と子どもに説明する。子ども自身が、別室授業を罰として受け止めたのでは意味がないからである。また、子どもが問題行動を止めると約束したら許すことも大切である。

加害児童やその保護者には、被害児童の保護者が法的措置（刑事告訴や損害賠償請求）をとる可能性があることも、事実として伝えた。なお、器物破損については可能な限り本人に原状復帰させるが、本人だけでそれが難しい場合には保護者の修理費用の半額負担といった協力を得た。

これら3つの対応については、放課後を待たずに即座に行うことを重視した。そのために、チーム学校として対応することを方針とした。上記のような対応策をとるためには、時に学級担任が時間をかけて聞き取りをしたり、急きょ、家庭訪問に走ったりすることがある。そこで、緊急時には手空きの教員が迅速に補欠授業や関係児童の指導体制を組むと

（田島中学校区）「学校安心ルール」（生野南小学校版）

〈基本的な考え方〉

○学校安心ルールは，あらかじめルールを明示することにより，子どもたちがしてはいけないことを自覚したうえで，自らを律することができるよう促すことを目的として作成したものです。

○子どもたちには日頃より，基本的な約束に示されたことがらを心がけることを伝え，ひとりひとりがルールを守ることの大切さや相手のことを考えることができる，「より良い社会（学校）」をめざしています。

○第1～3段階の基本となるものは，『体罰・暴力行為を許さない開かれた学校づくりのために』の「児童生徒の問題行動への対応に関する指針」によるものです。

対応 段階	学習の時に	他の子に対して	先生に対して	その他の ルールとして	学校等が行う ことができる対応
基本的な 約束ごと	・嘘をつかない　・ルールを守る　・人に親切にする　・勉強する				
第1段階	・授業時間におくれる	・からかう，ひやかす ・無視する ・物をかってに使う	・指導を素直に聞かない ・指導を無視する ・からかう，ひやかす	・物を大切にしない ・自分の机等に落書きする ・学校の物をかってに使う	・その場で注意 ・場合によっては家庭連絡 ・個別指導 ・自己を振り返る活動
第2段階	・授業のじゃまをする ・授業に関係のない話をする ・授業をさぼり校内でたむろする	・仲間はずれにする ・悪口，かげ口を言う ・こわがるようなことをしたり言ったりする	・指導に対して反抗する ・挑発的な態度をとる ・バカにしたようなことを言う	・学校の物をこわす ・夜中に出歩き徘徊する ・カードやゲーム等で賭けごとをする	・その場で注意 ・家庭連絡 ・複数の教職員による個別指導 ・数日間の自己を振り返る活動
第3段階	・授業中，故意に妨害をする ・テストのじゃまやカンニングを繰り返す ・学校をさぼり校外にたむろする	・いやがることを無理やりさせる ・暴力をふるう（プロレス技をかけるなども） ・物を故意にこわしたり，すてたりする	・指導に対して激しく反抗する ・こわがるようなことをしたり言ったりする ・押す，突き飛ばす，ぶつかるなどの暴力をふるう	万引きやバイクの無免許運転・飲酒・喫煙など法律に違反するようなことをする	・家庭連絡 ・一定期間の別室における個別指導及び学習指導 ・関係諸機関（警察・こども相談センター）と連携し，学校内で指導を行う ・状況によっては個別指導教室を活用した指導
	第3段階よりも重いと思われる事象や違法行為（窃盗や傷害・恐喝行為など）については，学校は教育委員会事務局の担当指導主事と連携し，対応について協議する。				

〈ルール表作成上の留意点〉

※この（田島中学校区）「学校安心ルール」の内容は，教育振興基本計画に示している学校の安心・安全のためのスタンダードモデルをもとに学校の実情に応じて作成したものです。

※学校は児童生徒ひとりひとりの状況等も十分にふまえ，対応について判断します。

※「学校等が行うことができる対応」については，あくまでも例示であり，学校の判断で対応することがあります。

※「個別指導教室」とは，生活指導サポートセンター内に設置した教室であり，経験豊富な元校長先生等がいっそう丁寧な立ち直り支援を行う場所です。

いう方針を立てた。それにより，適切な個別指導，保護者連絡，必要な場合には全体指導へと進むことが可能になった。

② 具体的な手立てについての共通理解

各種の対応を進めるにあたっては，教職員間で手立てについて明確に共通理解できるようにした。次ページの資料1-2は，2016年度に策定した「生野南小学校　児童の問題行動等への対応」という文書である。(1)で「いじめ・不登校・虐待への対応」について基本的な考え方を示し，(2)では「様々なケースへの対応」を整理しているが，ここでは(1)の部分のみを引用している。このように，「いじめ」「不登校」「虐待」は起こりうるという前提を共有しつつ，進めるべき指導のあり方，してはならない対応の取り方について，全教職員が共通理解した（この資料については，学校の研究成果を公表しているウェブページにも公開した）。

「生野南小学校　児童の問題行動等への対応」の(2)のセクションでは，過去のケースを参考にして架空の問題行動を想定し，生野南小学校ではどのように対応するのかをまとめた。問題行動の内容は，「掃除をさぼる，開始時刻に遅れる」「トイレ用のスリッパを履かずにトイレに入る」といったルール違反，掲示物への落書き，ものかくし，SNS（LINE）でのトラブル，「給食袋がごみ箱に捨てられていたこと」や「生活班の班決めの際の仲間外し」をきっかけに発覚したいじめ，友達関係のこじれに起因した学校への行きしぶり，いじめや学校不信による不登校，家庭背景による不登校，保護者による虐待，それに起因する自傷行為，性的な問題行動，友達への過度な暴力，授業妨害など多岐にわたっている。

先述のとおり，問題行動への対応策を決めるにあたって重視したのは，一般社会での法や通念と学校での対応を一致させることだった。私自身，中学校の社会科教員だったため，法的な知識が判断の基盤にあった。たとえば，学校においては「服装の乱れが心の乱れにつながる」といった考えから，制服に関する校則が重視されがちである。しかし，世の中においては，派手な服装をしているからといってとがめられることはない。生野南小学校にも標準服はあったが，たとえば寒い日にジャケットを着てきたからといって叱ったりはしなかった。

掃除をさぼるといった軽微なルール違反については，「①悪意と決めつけない，②忘れていたという前提にして，やり直せば責めない」という方針で進めた。これは，いわば国際人権規約B規約14条2項でいうところの「仮定無罪の原則」の応用である。心の中はわからないのだから，決めつけないようにした。

生野南小学校　児童の問題行動等への対応

平成28年度策定

（1）いじめ・不登校・虐待への対応

いじめへの対応

　　まず，いじめられた子どもの負担をいかに軽減するかが大切である。単にいじめを止めさせただけで，被害児童の心の傷が消えることはない。また，単純にいじめた側といじめられた側というふうに2極分化してはいけない。そうでなくてもいじめられた子は，「みんなから寄ってたかっていじめられた」「クラス全員が自分の敵

> 主導した子ども
> 積極的に一緒にやった子ども
> 煽られて深く考えずにやった子ども
> 主導した子どもが怖くて仕方なくやった子ども
> 悪いことだと思いつつ怖くて注意できなかった子ども

だ」と思ってしまっている。このことが最も心の負担になり，不登校につながる場合もある。したがって，上のように直接的な加害者は1人またはほんの一部の子どもで，ほとんどの子どもは自分の敵ではないということを早くに分からせ，被害児童を安心させることが大切である。

　　また，いじめた児童への聞き取りの際は，その動機を掘り下げないということにも注意しなければならない。「〇〇の〜がムカつくから。」と，理由を口に出させると，自分の行動を正当化させてしまうおそれがある。動機より，やった行為自体に焦点を合わせ指導する。特に，被害者と加害者とを対面させて事情を聞くなどは最もやってはいけない指導である。加害者が被害者を否定するような言葉を並べ立て，自分を正当化しようとすることで，被害者はさらに傷つく。また，事実の認定が加害者に主導され，事実が捻じ曲げられるおそれがある。さらに，被害者にも落ち度があったからと被害者にも謝らせるという指導は，加害行為を正当化し，加害者意識を薄めてしまう。このような指導では，当然，被害者は救済されない。

初動	学級指導，聞き取り，事実確認を同時に行う
学級指導	学級全体にいじめがあったことを伝え，いじめを無くし，被害者を救済するために，事実の究明，加害者の反省，いじめのない学級作りの必要性を訴える。
加害者への指導	＜反省や謝罪の意思がない場合＞ 行為が継続されると推定されるため，同じ教室には入れない。 ＜反省や謝罪の意思がある場合＞ 被害者が恐怖を感じているうちは，すぐに同じ教室に入れず数日間は別室指導を行う。その間，加害者は被害者に近づいたり話しかけたりしないように指導し，それが守られるように教員が休憩時間も見守りを行う。これによりいじめられた子がいじめた子がいても恐怖を感じなくなり，自信を回復する。それから謝罪の場をもつ。
被害者への指導	全員への個別面談の内容をもとに，加害に関わった子どもの行った行為と謝罪の気持ちの有無を伝え，一対一の謝罪の場をもつ。

　　いじめは，どこの学校でも起こりうることである。ということは，いじめる側，いじめられる側というのは，流動的なもので，何かのきっかけで入れ替わるということである。単純に加害者・被害者という分け方をし，加害者の反省ばかりに重点を置いた一斉指導をすることで，消極的にいじめに関わっていた児童も同列に扱われ，加害者の集団化，固定化を促すことになる。関係した子どもたちをいじめた側へ押しやることは，被害者の孤立化を一層進めることになり，被害の救済を遠ざけることになる。いじめた側の集団化，固定化を防ぐと共に，被害者を守る側に子どもたちの集団を形成し，被害者の自信回復を最優先させることが大切である。

1

不登校への対応

　不登校に至る経緯としては，疾病，障がい，いじめ，虐待，貧困など様々な要因が複雑に絡み合う。「なんとなくしんどい」という欠席がぽつぽつと続き，それが継続した欠席になり，不登校に至ることが多い。要因としては，いじめや人間関係など学校生活に関わるもの，家庭や成育歴に課題がある家族機能に関わるものがある。特に，後者の家族機能に目を向けてみると，保護者のダブルワークにより日々忙殺され，子どもたちの養育が十分でない家庭，アタッチメント（愛着）形成上の課題から適切な育児が難しい家庭，そして，子どもに対する虐待が起こっている家庭などがある。保護者は，生活の余裕のなさからくる苦しさや，人とつながることができず社会からの孤立感を持っている。しかし，ＳＯＳが出せないでいる。出し方がわからないとも言える。このような環境で，小学生の子どもが自分一人の力で学校に登校することが可能であろうか。家庭生活そのものへの支援なしには難しいと言わざるを得ない。

　また，昨今，子どもの貧困が話題になっているが，貧困の世代間連鎖から保護者自身が「こんなものだ」と思っており，困り感がない場合もある。

　以上のような状況を踏まえると，これまで実践してきた不登校対応では十分補いきれない状況が生まれており，教育からだけでなく，福祉の視点からのアプローチ等様々な対応が必要になってきている。そのためスクールソーシャルワーカー（ＳＳＷ）と連携することが重要である。ＳＳＷと連携することで教育だけでなく，福祉の視点が見えてきた。行政サービスで使えるものはないのか，福祉サービスの放課後児童デイサービスを利用することで，放課後や長期休みの過ごし方を変えることはできないか，保護者は必要な福祉の力を得ているのかなど，登校するための生活全般に目を向けるきっかけとなっている。

　また不登校の中には虐待要因も隠れている。区の子育て支援室が窓口になっている要保護児童地域対策協議会と連携しながらお互いの情報を共有することは，虐待だけでなく不登校への支援となることも多い。

　不登校の複雑さをひも解いてやることで，子どもたちはシンプルに「学校へ行きたい」という気持ちを出してくる。そこを見逃さず次へと紡いでいくことが社会的自立の一歩になるよう日々実践を続けている。

実態把握	第一段階（校内見立て）・・・不登校要因を把握するために，管理職・学級担任，養護教諭によるアセスメント。 第二段階（第三者介入見立て）・・・より的確な把握をし，専門家の助言を得るために，子ども相談センターやスクールカウンセラーによる心理・発達面からのアセスメント。福祉の視点からＳＳＷによるアセスメント。
児童への対応	<信頼関係>不安定な状況の児童が，学校の関係者と人間関係を構築するためには，安心して話ができる関係から始まる。学級担任や担任外，養護教諭や管理作業員など，当該児童にとって「この人なら信頼しても大丈夫」といった人間関係を築くことが大切である。今の状態を否定せずに受け入れることや，学習に限らず学校でやりたいことを引き出すことで，登校へのきっかけとなることも多い。勉強が遅れるため，「早期の学習支援を」と思う気持ちは大切だが，焦りの結果，築き始めた信頼関係を破たんさせることにつながることもあるので注意が必要である。 <家庭訪問>５日以上の欠席が続いた場合は「何かある」といったフラグを立てる。 また年間で欠席が３０日以上ある児童については常に深刻な不登校に陥る危険性を意識しておく。フラグが上がった場合は，早期に（できれば朝）家庭訪問を行い，本人，保護者と直接話をすることで登校につながることが多い。 長期の不登校に関しても，家庭訪問を重ねることで，それが登校刺激となり学校への再登校となる場合もある。
保護者への対応	<信頼関係>学級担任を中心に，児童の状況の話し合いを十分に行い，不登校に至る要因と背景を情報共有し，信頼関係を築く。話し合いを重ねることで保護者自身の心身の状態

2

	や，子育ての不安感が見えてくることもある。その保護者のしんどさや困難さを受け止め，寄り添うことが必要でもある。
	<関係諸機関との連携>子ども相談センター，子育て支援室，スクールカウンセラー，放課後児童デイサービス，医療機関など，学校以外の機関や人との連携のためには，保護者の協力が欠かせない。
登校時の支援	<初期>児童にとって久しぶりの登校はとても勇気と決断のいるものである。まずは登校してきたことを労う。現学級で学習することが一番だが，難しい場合は安心できる場（保健室・校長室・図書室・パソコン室など）で信頼関係のある人（学級担任・養護教諭・管理作業員）と学習をする。
	学習内容は，ゲームやパソコン，タブレット，栽培活動，調理活動，簡単な運動や遊びを取り入れながら，安心感を十分に得ることが第一目標である。
	<充足期>登校や学校生活になれると，児童は次第に教職員ではなく児童同士の関わりを求めるようになる。休み時間や，給食，本人の興味関心のある教科（図書・図工・体育・学活などが入りやすい）に偶然や自然な形で参加できるように支援する。その場合は教職員が十分に配慮をして，いつでも抜けることができたり，SOSを出せたりする環境を作っておく。
	<再登校期>学校に安心感と所属感を持つことで，登校するのが当たり前になってくる。しかし，家庭背景に要因をもつ児童の場合は，再登校後また不登校に陥ることが予測される。その場合は再登校が続いた場合も，油断せず日ごろの状況をしっかりと見ておくことが必要である。

被虐待児童への対応

　虐待を受けている子どもは，常にいつ虐待にさらされるかわからない不安と緊張につつまれている。そういう子どもは，学校も安心できる場ではなく，先生も自分に虐待を加える大人だと思い込んでいる。そのような子どもに，保護者からの暴力の痕跡を見つけ，問いただしても直ぐに本当のことを言えるわけがない。日常から安全感・安心感がある学校環境と受容的で信頼できる先生の姿を子どもに感じさせておくことが，被虐待児童への対応のスタートラインになる。子どもの問題行動に対して，保護者がどうしてよいか分からず，体罰に至ってしまうケースでは，虐待は「家族であり続けようとする保護者の姿」であり，保護者を責め立てるだけでは解決にならない。その育児不安によりそいつつ，外部サポートへ繋げていくことを提案していく。その中で，特に自らが被虐待経験を持つ保護者に対しては，幼少期の自らの体験を乗り越えるため，まず，心を開くことができるよう専門的な機関でのカウンセリング等が必要になる場合もある。保護者の不安や悩みに寄り添い，保護者自らが，子どもへの愛情を適切に表現し，育児に向き合えるよう支援していきたい。それが，虐待の世代間連鎖を断ち切ることに繋がると信じている。

| 発見時 | 切り傷，擦り傷，火傷，内出血等，昨日まで学校で見なかった外傷があった場合や外傷が，普通に生活していれば怪我を負いにくい部位に生じている場合は，虐待を疑って対応する。子どもが否定した場合でも，どうして怪我をしたのか，5W1Hを詳しく聞き取りをし，写真を撮っておく。また，子どもの兄弟姉妹等からも聞き取りをして，矛盾点がないか調べる。本人から身体的虐待，心理的虐待や性的虐待の訴えを聞いた場合も同様に聞き取りをし，可能であれば，事実を裏付けることのできる具体物（証拠）を入手する。校内委員会で，通告するかしないかを決め，子どもの保護者への対応と見守り等，今後の取り組みを決める。 |
| 諸機関への通報 | 顔に内出血がある等，一定の痕跡や聞き取り内容の信憑性を考慮して，虐待の事実があ |

	ったと判断できる場合は，子ども相談センターへ写真等をメール送信して通告する。今後の学校の方針を伝え，子ども相談センターの動きとの連携を図る。
保護者へのアプローチ	<子どもが，保護者からの暴力を否定している場合> 聞き取ったことを詳しく伝え，保護者の確認を求める。このことにより，学校が子どもの怪我に強い関心を持っていることを伝える。 <子どもが，保護者からの暴力を訴えている場合> 子ども相談センターで保護してもらえることや，学校から保護者へ伝えて止めるように言えることを伝える。また，本人が訴えていることは伝えずに，怪我をしていることを学校は知っているという事実だけ伝えることもできると話す。 <子どもが保護者に話して欲しくないと言う場合> 怪我の事実だけを伝える。保護者が自分から言ってくれなかった場合でも一定の抑止効果は得られる。子どもには，次あった場合には，きちんと保護者にも伝えていこうと約束する。
継続支援	保護者へはこまめで分かりやすい連絡をし，子どもの良い面から報告をする。悩みを話し始めたら傾聴に徹し，虐待について告白があったら励ます。家庭への対応のゴールとして次の3点を目指す。 ①保護者が子どもを個として認知し，子どもの「悪い行動」への耐性をつける。 ②保護者が地域や親族，夫婦間の人間関係の改善を図る。 ③保護者が子どもとの関係を楽しみ，肯定的感情を表現できるようにする。

③ 「心の傷に寄り添う」「心の傷を増やさない」指導

　生野南小学校での生活指導の基本方針は，「①怒鳴らない，②身体に触らない，③話は短くする，④罰を与えない」であった。これは，「苦痛やストレスを極力与えずに指導したほうが効果がある」という私の経験則に基づくものであり，当初はトラウマの作用やアタッチメント理論を理解して始めたものではなかった。しかしながら，後に，西澤哲氏の研究などを学ぶことで，効果のある指導には理論的な基盤があったことを知った。

　大人には，子どもが生まれたときからすぐに，温かい愛情を注ぎ，必要なケアを提供するといった「やるべきこと」がある。しかし子どもの側からみると，「やるべきこと」を，①「してもらってきた」，②「してもらえなかった（ネグレクト）」，③「逆のことをされた（虐待）」という3種類に分かれる現実がある。②の子どもたちには，アタッチメント形成不全が起こりうる。③の子どもたちは，トラウマを抱えている。そこで，教師には，そのような子どもたちの状況を理解して指導にあたることが求められている。

　たとえば，教室の窓から裁縫セットを投げてしまった子どもがいた（幸い，窓の下にはだれもおらず，けがをした者はいなかった）。私は，黙ってその子どもの手を取り，一緒に階下まで裁縫セットを取りにいった後，教室に戻った。これで，この問題状況は解決される。しかし，

もし「なんでそんなことをするんだ！」などと怒鳴りつければ，トラウマを抱えた子ども
のトラウマ経験をフラッシュバックさせることにもなりかねない。それでは問題が悪化し
てしまうのである。

　このほか，軽微な嫌がらせについては，「やめて謝りなさい」と声をかけ，やめて謝った
らその場ですませた。まんが雑誌などの禁止物を持っていた場合も，所有権を尊重し，極
力取り上げずに指導した（ぱっといったんは取り上げて，「持ってきてはいけない」と伝えた後，返
却した）。各種の不適切な行動については，目を合わせて中止すればうなずき，あえて声は
かけなかった。

　このように，まず一人ひとりの子どもの「人権」を徹底して守ろうとしたことは，子ど
もたちに教員からの愛情を感じさせることとなったのではないかと思う。子どもたちの心
の傷に寄り添い，新たな心の傷をつくらない指導方針は，後にトラウマやアタッチメント
に関する理論を教員が学ぶことで強化された。それによって，暴力は沈静化していき，つ
いには暴力ゼロの学校が実現できたのである。

第3節　楽しい学校をつくる

1 子どもたちの「自由」を拡大する

　以上のように問題行動に対して一貫性のある指導を行うのと並行して，子どもたちにとって楽しい学校をつくることもめざした。「荒れ」が沈静化すると，学校行事などにも積極的に取り組む体制を整えていった。

　生野南小学校の子どもたちは，何かを真面目にやってよかったと思う体験をあまりしていなかった。「荒れ」た学校では，往々にして真面目にやらないからうまくできない。うまくできないから面白くない。面白くないからますます真面目にやらないという悪循環が起きる。

　そんななか，2012年度に着任した小野太恵子教諭は，運動会の応援団の指導を始めた。そして，もの珍しさから「やんちゃ」な子たちも応援団に参加した。しかし，真面目に練習ができない子どもたちがすぐに体育館から出てきてうろうろしはじめた。聞くと，真面目にできないから先生に叱られて出されたとのこと。そんな子たちに「教頭先生が一緒にあやまったるから，あやまりに行こ」と声をかけ練習に戻してもらった。

　その後，小野太恵子教諭はそういった子どもたちもうまく指導して，真面目に練習するからうまくできる，うまくできるから面白い，面白いからますます真面目に練習する，という好循環を引き起こした。そして，運動会本番は，子どもたちも保護者も大満足する出来栄えとなった。また，翌年の運動会では，視覚障害，知的障害，肢体不自由の障害がある児童にできるだけ皆と同じようにさせたいとの思いから，私はその子とペアで組体操の練習のなかに入った。周りの子たちにも先生が入っているということを意識させないように気を配ったので，子どもたちは，自分たちでやっているという意識を強くもつことができた。

　その後の行事は，どの教員たちも同じように子どもたちの「うまくやりたい」と「自分たちでやっている」を引き出すように指導するようになり，学習発表会のレベルの高さ等につながっていった。

　かつて中学校に勤めていたとき，私は，相当な「やんちゃ」をしている子どもたちでも，部活動で活躍の機会を得ることで目覚ましく成長していく姿を目の当たりにしてきた。喫煙や暴力といった問題行動を起こすような生徒でも，柔道部で主将を担当させ，どうすれば強い部がつくれるかと問いかけると，うまく同級生や後輩たちを采配する力を発揮したりする。また，そのような子どもたちを遠征に連れていく際に車で移動していると，「昨日，うちの親はご飯を作ってくれなかった」「うちの親には殴られるけど，ご飯は作ってくれる

から，そうか，うちの親のほうがマシなのかなぁ……」などと子どもたちは話し合っていたりする。一見，教師の手におえない「やんちゃ」な子どもでも，そのような苦労をしているのかと，胸が詰まる思いになった。そういった部活動で培った教員と生徒の間の信頼関係は，そのほかの場面でも生きるものとなる。柔道で強くなった生徒に高校からスカウトが来るといったかたちで，時には部活動が進路保障につながることもあった。

　学級づくりにあたっては，たとえば学級劇に力を入れた。自ら進んで考え行動していく生徒たちを中心としながら，集団から離れがちな生徒をも巻き込んでいくような学級全体の組織づくりを進めた。大枠は生徒たちに考えさせつつも教員が枝葉の部分を手伝うことで，生徒たち皆が達成感をもてるような完成度の高い作品づくりを実現した。

　生徒会活動では生徒たちが自分たちで行事を企画・運営するように勧め，それを実現するためには教員の理解を得る必要もあること，そのために教員たちを説得できるような交渉力を身につける必要があることも教えた。

　たとえば，皆が乗ってくるような歌やダンスの出し物を含めたレクリエーションを学年生徒会で企画したときには，「一つ良いことをしよう　一つ楽しいことをしよう　そして卒業していこう」というスローガンを役員生徒が思いつき，大規模な校内清掃活動とレクリエーションをセットにして，教員たちから反対意見が出にくいようにした。そして，各委員会組織や広報新聞を駆使して「みんなで成功させる」とほかの生徒らを主催者側に巻き込んでいた。企画はどちらも大成功だった。そして，校内では，ゴミをポイ捨てする人がいなくなった。

　このような取り組みを通して生徒たち一人ひとりに自分の選択に責任をもつという意識をもたせ，自主的・自発的・自治的な集団をつくることに，確かな手ごたえを感じていた。この実感は，生野南小学校の学校づくりにも生かされた。子どもたちには，折にふれ，お互いの信頼関係があれば「自由」を拡大できることを伝えた。たとえば，小さなことだが，廊下にあるホワイトボードには，当初は子どもたちのいたずら書きがひどいためにサインペンを置けていなかった。しかし，改めてサインペンを置くことを決め，子どもたちには，「きみら，こんなんでいたずらするわけないやろ」と伝えた。それでも最初はいたずら書きをする子どももいるのだが，それを見つけたら，「え～！　みんなを自由にするために先生ががんばっているのに，なんで邪魔するの？」と返した。そのような語りかけを重ねることで，子どもたちのいたずらもなくなっていった。

　2020年度からのコロナ禍においても学校行事は可能な限り実施した。そのため，運動会での手指の消毒や道具の消毒を工夫し，学習発表会では，講堂が教室11室分の広さであることを前提に計算し，子ども同士の距離を保つ工夫をして密にならないようにした。子どもたちにもそのような根拠を説明し，「『できない』ことの言い訳を考えるより，『やる』手立てを考えよう」と呼びかけた。

2021年度の生野南小学校では，職員会議の日でも担任が出張していても，子どもたちは4時半まで校庭で遊んでいてよいと判断できるようになっていた。「これは，みんながちゃんとしているから，帰らなくてよくなったんだよ」と子どもたちにも朝礼で伝えた。1人1台端末が支給されたときも，子どもたちには自由に使うことを認めた。

このように子どもたちは，運動会では応援する側に，劇ではうまく演じて観客を楽しませる側に立つ等，あらゆる場面で否定的な側に立つ子はいなくなった。そして，廊下のホワイトボードには，「桜の木」等，毎月のお題があり，子どもたちが置いてあるサインペンで自由に書いたメッセージをあふれんばかりに貼り付けている。

② 国語科教育と「『生きる』教育」の研究開発へ

「荒れ」に直面していた頃の生野南小学校では，「暴力」で表現してしまう子どもたちに，自分の思いを「ことば」で伝えることができる力を育てることが最も重要だと当時の山元ひとみ校長が考えた。子どもたちには，言葉で思いが伝わり，うなずきや相づちをしてもらいながら受け止められる経験を重ねることが必要だった。

そこで，2014年度から国語科指導の工夫に関する研究が始まった。詳細は，本シリーズ第2巻や本書第4章で説明しているとおりであるが，国語科教育の授業づくりについて研究を重ねることで，子どもたちが自分の意見をもち，グループで交流し，自分の意見が認められるという経験ができた。そして，他者の意見を聞き，伝えられた内容をしっかり受け止めることで自分の意見を磨いた。さらに，相手の立場を理解し，人を思う心をもてたことで，命や自然の大切さを知ることができた。「問答無用の世界」から「話せばわかる」世界へと子どもたちを導くことができたと感じている。

2016年度ごろには，アンケート調査などからも，規範意識や人権意識，授業適応感が上がっていることが確認されたのだが，「自己肯定感（自尊感情）」は上がらない層が一定数いるという状況があった。そこで，「自己肯定感（自尊感情）」を育むこともめざすこととなった。この際，自己肯定感の低さの根底にあるアタッチメント理論に着目し，「自分」「赤ちゃん」「子ども」「異性・同性への関心」「親子関係」等，子どもたちにとっていちばん身近にありながら，心の傷に直結しやすいテーマで「『生きる』教育」（いのちの学習）を実践した（詳細については，本シリーズ第1巻および本書第6章を参照）。

「『生きる』教育」を実施したことで，教職員もトラウマやアタッチメントについての理解を共有し，子どもたちの心の傷に寄り添い，新たな傷を生み出さない指導方法が強化された。その結果，加害の立場の子どもも正しい学びへと導くことができる児童支援体制の基盤ができ，今日につながってきたと考えている。

第4節　学校としての体制づくり

　以下では，学校づくりを進めるにあたって，どのように体制を整えたかについて紹介したい。ここでは教職員の間の連携強化，保護者との関係改善，専門家との連携という点で検討しておこう[1]。

1　教職員の間の連携を強化する

　「荒れ」を克服するにあたって，2011年度当時に教頭だった私がまず取り組んだのは，教職員がチームとして取り組める体制づくりだった。中学校では学年の教員が連携して物事にあたるのに対し，小学校では学級担任が1人で物事に対応しがちである。場合によってはさまざまな問題が，学級担任個人の指導力不足の問題にされ，「仕事ができないから，こうなったんだろう」という扱いをされてしまいかねない。深刻な事案にもかかわらず，職員会議で話題にもならないということさえある。そのような体制では問題は解決できない。

　生野南小学校の場合は1学年1学級だったので，低学年・中学年・高学年の区分で，担任と補助教員から構成される3つのチームを作り，問題解決に取り組むことにした。何か起きたときに，簡単に「けんか両成敗」などで片づけるのではなく，しっかりと背景を掘り下げることを徹底した。

　たとえば，いじめの事案にあたる際には，まず被害者の子どもへの聞き取り，続いて加害者の子どもへの聞き取りが必要になる。複数名であたることで，たとえば加害者の子どもが複数の場合も，教師たちが分担して同時に聞き取りを行うことができる（同時に聞き取りを行うことで，子どもたちが口裏合わせをすることもできなくなる）。担任が保護者に対応する必要がある場合などには，担任の授業を別の教員が穴埋めするといったことも可能になった。

　私が中学校での生活指導を通して蓄積してきた知見については，整理して教員に共有した。研究部長の小野太恵子教諭に勧められて，その内容をまとめていったのが，**資料1-2**「生野南小学校　児童の問題行動等への対応」（本書26-29ページ）である。そのほかにも，各事例に即して必要なノウハウを共有していった。

　いじめの事案の場合，いじめられている子どもは「みんなからいじめられている」という印象をもちがちである。いきなり学級全体にいじめの事案を共有してしまうと，周りが皆，自分のことを攻撃してくると思っているような被害者の子どもには，恐怖以外の何物でもない。いじめられている子ども本人の了解なしに，学級全体に知らせるなどということをすれば，本人が他人に知られたくない「いじめられた」という個人情報を教師が拡散した

ことになる。つまり，その子どもにとっては，教師による二次被害以外の何物でもなく，それがきっかけに学校に来られなくなったりする。そこで，学級全体にいじめのことが共有されていない段階であれば，「べたづき」[2]によって被害者の子どもの安全・安心を確保する。並行して，加害者の子どもに対しては個別指導を行う。その際，動機は掘り下げず，やったことについての正邪を判断させ，そのうえで「今からどうする」と問い，「謝りたい」となれば，その意向を被害者の子どもに伝え，了承が得られてから1対1の対面指導を行う。

いじめの場合は，見ているだけだった子どもたちもいるわけだが，そういった子どもたちについては，謝りたいといえば謝らせる。しかし，本人が謝りたくないというなら，「こういうことはダメだということはわかったやろ」ということだけ確認して，無理に謝らせるようなことはしない。

いじめた子に「やめなさい」と言うだけでは不十分であり，いじめられた子どもに自衛する手段を教えることも重要である。まずは教師がしっかりと寄り添って，暴力的な威圧を100パーセント見逃さないようにすることで，安全を確保し，自信を回復させる。やられてきた子ども同士で団結させて，「○○くん，こんなことせんとって」と自分たちで大きな声で言うように，と教えると，徐々に言い返せるようになる。力による支配をつくらせないように指導していくことが重要である。

あるいは，学級全体がいじめのことを知っていて，被害者が怖がって学校に来られない状態になっている場合は，学級全体に「こういうことについて，どう思う？」と問いかける。物隠しなど，だれがやったことかわからない場合も，「このクラスで，こういうことが起きたが，みんなはどう思う？」と問いかけた。そして，「該当の時間帯に何をしていたか」「何か気づいたことがあるか」「何も心当たりがなければ，こういうことが起こったことについてどう思うか」を書いてほしいと呼びかけた。このとき，重要なのは，学級を支配している子どもの支配が及ばない別のルートで情報がでるようにすることである。そうすると，「こんなことはアカン」と思っている子どもがほとんどだということになるので，その事実を学級に共有する。

このように，各ケースに応じた対応策の取り方について，学校として共通理解して取り組んでいった。管理職が守ってくれると安心することで，教員も苦しい時に周りに打ち明けて「どうしたらいいか」を話し合うことができるようになった。また，このように相談しやすい体制は，事務室や管理作業員室にも及び，子どもたちがそれらの部屋を訪問したときの様子や，校内で見かけたときの様子などの情報がスムーズに職員室に届くようになり，事前の対策が取りやすくなった。特に，保健室は，暴力を伴ういじめや故意か過失か判断しづらい加害行為，暴言等での心の傷つき等について，いち早く情報を集め，学級担任らと共有することによって迅速な初動対応に機動性を発揮していた。

2 保護者との関係を改善する

　学校が「荒れ」ていたころは，保護者との関係も難しかった。保護者のなかにも，苦しい生活を送っているなか，だれも助けてくれず，子どもも手に負えないとなると，ちょっとぐらい嘘をついたり手が出たりしても仕方ないと思われる方がいるというのも，一人の人間としては理解できる。怒っている保護者は，実は「困っている」というのが実感だ。

　そのうち，子どもたちが劇的に良くなったので，そのような保護者も学校に対して好意的になっていった。たとえば行事で子どもたちが素晴らしいパフォーマンスを見せると，そのレベルの高さに保護者も喜んでくださるし，子どもたちの自己肯定感も上がる。

　また，PTAのOB・OGの方が，地域のためにがんばりたいと，以前から中学校での地域ふれあい祭り（盆踊り）や小学校での校庭でのキャンプを企画・実施してくださったりしていた。在日韓国・朝鮮の人々も多い地域であり，国籍やルーツに関係なく地域の人々が一致団結し，町会と学校が近いのが特徴となっている。

　もちろん，個別に問題のある保護者に対しては，必要な対応策を取る。たとえば，教師に対してつかみかかってきた保護者については，その場で所轄署に電話して警察を呼んだ。朝，子どもが学校に来たときに顔に殴られた痣があれば，学校には通告義務があるため，写真を撮って，児童相談所に送る。また，児童相談所に，学校が保護者を呼び出して，ケガの原因を確認し，もし保護者が殴ったのであれば，「こういったことをしてはいけない」と話す方針を伝えると，それでお願いします，と言われる。そういった連携を取れる体制を整えた。子どもが冬に暗くなってから薄着で学校に来たときには，すぐに児童相談所に連絡して，「すぐに見に来てほしい」と伝えて，来てもらい一時保護してもらった。ただ，子どもは，いくら家で暴力を振るわれていても，「家に帰りたい」と言う（「家に帰りたくない」と言う子どもは，相当に深刻な暴力を振るわれている子どもである）。その子どもの場合も，「家に帰りたい」と言うので，しばらくして，一時保護は解除された。

　ある若手教員が対応の難しい保護者に電話をする際には，電話をしている横で私が待機した。若手教員が保護者の言葉を筆記したら，私が応答の仕方を筆記する，といった形で，うまく話が進むように支援した。そういう支援を重ねたことで，若手教員も徐々に単独で保護者に対応できるようになっていった。

　親が理不尽な要求を言ってくる例も，なかにはありうる。たとえば，親同士で解決すべき問題が，学校に持ち込まれる場合もある。そういった，本来，学校が介入すべきではない問題であれば，学校は介入できないことを伝えることも重要である。

　「『生きる』教育」の公開授業については，当初，保護者の参加も受け付けていた。保護者にも知っておいてほしい内容が含まれているためである。なかには，「子どもに権利を教えると，何かとやりにくい」と冗談っぽくおっしゃる保護者もいるが，大半の保護者は歓迎してくれている。そのうち，見学者が増えて，公開授業に保護者に参加していただくこ

とができなくなったが，それ以降も，保護者の参観日や別の日に「『生きる』授業」を見てもらっている。なかには，「『生きる』教育」の授業を受けていた子どもが，「お母さんがお父さんにされていることは，DVだ」と気づき，それを母親に伝えたことで，母親の意識が変わり，離婚に至って助かった，という例もある。

公開授業の開催にあたっては，PTAに受付などもご協力いただき，終わった後，講師の先生方や遠方から来られた方を交えた懇親会にも来ていただいた。現在の田島南小中一貫校でも，保護者が子どもの居場所の手伝いに来てくださるなど，ご協力いただいていると聞いている。

③　専門家との連携

学校の改善に取り組む際には，先にふれた児童相談所をはじめ，さまざまな専門家ともつながった。

スクールカウンセラー（SC）は中学校に1人しかいなかったので，子どもたちが十分に相談できる状態にはなかった。しかしながら，教師がそれぞれの子どもの事例を説明して，子どもとの関わり方をスーパーバイズしてもらえたので，大変助かった。

スクールソーシャルワーカー（SSW）に来てもらって，「『生きる』教育」の授業反省会に参加していただいたこともある。さまざまな問題が起こったときに，どこにつながればいいのかを教えていただけて，これも大変ありがたかった。特に精神疾患等を抱えた保護者がおられたときには，専門家の支援は必須といえよう。

| 注 |

(1)　第4節は，木村幹彦先生に対して2023年11月3日に西岡が行ったインタビューをまとめたものである。

(2)　加害児童に被害児童の3メートル以内に近づかない，目を合わさないことを約束させたうえで，教員が1人被害児童のそばについて，授業中・休憩時間・給食中も100パーセント見守ること。加害児童からの謝罪等がまだない状態でも被害児童の授業を受ける権利を保障するため，さらなる被害が起きないように目を離さない。被害児童が加害児童に恐怖を感じていて，対面して謝罪を受けることも怖がっている場合で，かつ加害児童が反省していてさらなる加害が起きないと判断できる場合，加害児童を別室指導にするより両者に教室で授業を受けさせたほうが，被害者，加害者，担任教員の3者にメリットがあるために，この方法を採った。これにより，被害児童の自信回復にもつながる。このとき，他児が，何をしているかを誘導尋問的に聞いてきても答える必要はない。普段からそのような質問には答えないという姿勢を貫いていれば，聞いてこなくなる。

木村先生の教え子，ヴィダル加奈さんへのインタビュー

インタビューまとめ　西岡加名恵

校長の木村幹彦先生は，2022年3月末で生野南小学校が田島南小中学校に統合されたのち，2022年4月には南市岡小学校に異動となった。

当校でPTA会長をしていたヴィダル加奈さん（旧姓＝真部さん）は，木村校長が約25年前に中学校教員をしていたころの卒業生だった。そこで，先生が当時，どのように生活指導に取り組んでおられたのかについて，インタビューの機会をいただけることとなった。インタビューは，2022年7月8日，木村先生同席のもと校長室で行った。

以下，ヴィダルさんと木村先生から伺った話を紹介しよう（ここでは，読みやすさを優先して，お話を再構成している）。

1.「ワル」と「いい子」，二極化していた学校で

ヴィダルさんは，木村先生がその中学校に着任したときの3年生で，木村先生が社会科担当となった。もともとは落ち着いた学校だったが，学区が広く家庭環境もさまざまだった。

当時の3年生は，当校が創設以来の「しんどい学年」と言われていた。家が豊かで私立高校に進学するような生徒たちもいる半面，変形学生服を着ていたり暴走族に入ったりしているような，いわゆる「ワル」の生徒たちもいて，二極化していた。そのような生徒たちは，夜はたまり場にいたり暴走していたりで，そもそも学校になかなか来なかった。たまに学校に来ても，窓から入って窓から帰っていくような生徒もいたという。

生徒指導主事が夜に生徒のたまり場に巡視に行っても，自転車を投げつけられそうな感じで何もできない。教師がけんか腰で行っても意味はないと考えた木村先生は，20人ぐらいの生徒たちがたまっているところに1人で行って，タバコを吸っている生徒からはタバコを取り上げて「身体に悪いぞ」「やめとけや」「先生，返してーな」などと対話し，「学校に来い」と伝えた。

それまでそういった生徒たちは，たまに学校に来たとしても，変形学生服が校則違反だということで全員追い帰されていた。暴走族の生徒も直接，学校に突っ込んでくるわけではないので，学校では穏やかな生活が送られていたという。当時は，逸脱行動をとっている生徒たちは学校に来させたくない，何もやらせたくないという様子の教員もいた，と木村先生は言う。

しかし，人権教育を大事にしている前任校から異動してきた木村先生には，そのような教師たちの態度は耐え難く，生徒たちを学校に来させないと何も良くはならないと考えた。若手教員たちが自分を支持してくれつつあったこともあり，「ワル」の生徒たちを学校に来させる方針で動きはじめた。

「朝の6時くらいに暴走族を捕まえて，標準服に着替えさせてから学校に来させて，

『そこに座っとけ』と言うと，生徒たちを帰らせたい先生たちも何も言えない。そうしたら，先生たちにぼくが呼び出されて囲まれて，『どういうことや』って言われたので，もうめっちゃ言い返しましたよ」と，木村先生は語った。さらに，「ワル」の生徒たちでも楽しめるようなイベントを，生徒会をやっていた「頭脳集団」の生徒たちに開催してもらおうと考えた。

2.「ワル」も「いい子」も楽しめる　　イベントを

当時，生徒会の副会長だったヴィダルさんは，生徒会はしっかり機能していて，たとえば校内の掃除も行き届いており，学校の校則を変えるという実績も上げたという。

具体的には，登下校時の防寒具等を認めてほしいと要望したところ，受け付けた先生に「もう時間も遅いから。また校長先生に話を通すから」って言われてしまった。しかし，生徒会顧問の木村先生に焚きつけられた後だったので，「ちょっと革命精神が芽生えてしまって，『今，校長先生に話し通してきて！　いやなんだったら，セーラー服着て，学校に来て！』『セーラー服がどんだけ寒いか，先生，知らんねやろ』」と迫り，「10分か15分」で「マフラーと手袋だけ」は許されることとなったという。

さて，3年生の後半になったら生徒会も引退なので，受験モードに切り替えようと思っていたところだったが，木村先生は，ヴィダルさんたちに「3年生全員が楽しく仲良くなれることをしよう」と提案した。

木村先生の念頭にあったコンセプトは，「生徒たちが自分らで考えて自分らでやる。ワルの子らも，全部巻き込んでやる」というものだった。「別に夜に暴走族をやっていても，昼間普通に生徒たちの活動に参加してちゃんとやるのだったら全然問題ない。夜に外で踊ったりしてても見せる場がないけれど，その子らも生徒会を使ったら，組織的に学校を使って楽しくできる」と構想していた。

「『不完全燃焼やろ』っていう感じで木村先生に焚きつけられ」たヴィダルさんたちは，「『いや，こっちは受験があるから』って思ってたんですけど，『そういえば不完全燃焼かもしれへんな』って感じになって，生徒会とは違うメンバーを集めて」，学年イベントの運営を担当することとなった。

木村先生から，職員会議に通るような案を書くように言われてつくったのが「ダンス部」だった。木村先生が「結局，みんなで，フォークダンス部とかシャルウィーダンス部とか訳のわからないものをつくって，［当時，若者に流行っていた］パフォーマンス的なものをやるグループも入れて，『みんなでダンスをやる』といって，職員会議を通した。フォークダンスをやると見せかけて」と説明すると，ヴィダルさんは「ほぼ集団催眠ですよね」と言って笑う。

ヴィダルさんたちは学級委員長の集まりで代表を決め，プロジェクト・チームみたいな5，6人の実行委員会をつくり，新聞を書いて参加を呼び掛ける，昼休みに練習をする，音響を学ぶ，「学校にまつわること」で○×クイズの問題をつくる，といった活動に，2，3か月以上かけて取り組んでいった。

「ワル」の生徒たちも皆，踊らせるために，当時「熱血」とか「幹彦」と生徒たちから呼ばれていた木村先生は，なんと最初に「血判状」を作ったという。実行委員会の生徒たちも「ワル」の生徒たちも「ダンス部に入ります」という書類に名前を書き，朱肉で指の印を押すというものだった。

「あれ見ながら，『こいつマジか』って思っていました」とヴィダルさん。「やるって言って，だれも集まらなかったら，それで終わっちゃうじゃないですか。だから最初に絶対入るくらいの［約束をしてもらった］」と木村先生が意図を説明すると，「『そんなんやったら［やりたいことだけやってあとは知らないという態度では］シラケるからな』って，［「ワル」の生徒たちが］結構ガンガン発破をかけられているのは見ました」とヴィダルさんが補足する。

「血判状」は，「最終ゴールまで行こうと思ったら，まずスタートはそこから始めなかったらできない」という木村先生の覚悟の表れだったが，ヴィダルさんは「途中からは楽しそうでしたね，彼らは」，「わたしらは怖かったですね。いつこいつらが蜂起せえへんかなって思いながらやっていたけど，血判状をこの人ら守るんや，って驚きでしたよ。『粋がっている割にけっこう，守っちゃうんや』と思いました」と語った。

3.「あんたらが踊ってくれたら　　マジ盛り上がると思うねん」

ヴィダルさんは，「ワル」の生徒たちのために活動することについて，「なんでこの子たちのために」という思いもあったと

いう。また，内申点に権限のない木村先生の方針に従った結果，「内申点が下がったらどうしよう」といった葛藤もあった。しかし，「わたしの成績で，内申点1点でも下げたらわかってんな，という自信」を支えに，「『わたしのほうが上』っていう実感を得るため」，「ワル」の生徒たちも巻き込んでいった。

「わたしらは『あんたらが踊ってくれたらマジ盛り上がると思うねん』みたいな『本当に思ってる？』っていうことを言って，うまいことのせたと思っていました。向こうも，『いい子ちゃんたち上層部もやっとわたしらの魅力に気づいたか』と思っていたと思います。で，最終的に形になったら，うん，多分，わたしは本当に，『この子らがおらんかったら，こうならんかったな』『いい子ちゃんだけでやっても，ここまで盛り上がらんかったんやろうな』っていう，なんか悲しい事実ではありますよ」と，ヴィダルさんは感慨深そうに語った。「優等生だけでやってもこうならんっていう事実は悲しいんですけど，でもやっぱり『頭脳』と『魅力』と混ざらないと，こうはならないという現実をある意味，たたきつけられました。だから，そのあたりはうまい具合に，いまだにひきずっていますね」

4.「そういうこと言う大人，　　見てみたかってん」

ヴィダルさんが木村先生に寄せた信頼は，一体どこから生まれたのだろうか。ヴィダルさんは，当時のほかの先生たちと木村先生の違いを次のように説明する。

「[ほかの先生たちは] 生徒の好き嫌いがすごい目に見えるんですよ。『この先生，絶対こいつのこと嫌いやん』みたいな。でもそういう [ワルの] タイプの子に，木村先生は『なんで聞かへんの』『なにがあったん』『どう思ってんの』みたいな感じで，『そこ聞くんや』っていうところがあったので，『あ，こっちがどう感じてるかを主軸にしていいんや』って思いました。『むしろなんかそこまで聞かんといてもらっていいですか。こっちもそこまで考えてグレてないんで』っていうぐらいの感じ」

「大人の理不尽を嫌う」木村先生は，「一番新鮮というか，『待ってました！』って感じの大人だったんですね。だから，『熱血すぎてめんどくさいわ』と思う半面，『こういう大人おったんや！』『そういうこと言う大人，見てみたかってん』みたいな。だから『面白半分でもやってみよ』と，怖いもの見たさで実行委員会もつくって，信頼できる子たちだけで実行委員会をつくりあげて取り組みました」。

では，「ワル」の生徒たちはその後どうなったのか。実は，その学校では，卒業式に変形学生服で来て，中に入れてもらえないので暴れるというのが伝統になっていた。しかし，木村先生は，そういった生徒たちに，「式だけはちゃんと出ろ。終わってから外でやるのはかまへん。最初っからそれ着てくんなよ。おれ，1年の付き合いやけど，お前らにこんだけやったったやろ。だから，卒業式くらいちゃんと出てほしい。それすらせんと最初っから変形学生服，着てきたら，おれは顔に唾かけられたって思うで。おまえ，意味わかるよな？　人に恥かかせ

ようとしたら，そんなやつ，自分が恥かくだけや。顔に唾かけられたら，そんなおまえらの変形服，ビリビリに破ったる」と「脅した」。「それでそいつらもビビったんですよね，ぼくも本気でやろうと思ってたんで」

5. 学校の，その先を見つめて

そんなふうに本気で生徒たちのことを考えてきた木村先生の目線の先には，子どもたちが巣立っていく社会のことがある。「『ワル』の子たちのことも考えてたら，当時はまじめな子たちが怒ってくるんですよ。『なんであんなやつ，相手にしてんの』って。せやけど，『ほっとって学校が楽したら，社会がしんどなんねんで』って。ちゃんと抱えて，迷惑かけへん程度の人に育てて，感謝の気持ちもたせて卒業させへんかったらあかん」と，木村先生は語った。結果，「更生できなかった，どうにもならんかった子は，割合としては低かったかな。あれだけグループ化してた割に，同窓会で再会したら，ちゃんとパパママになって，会社に勤めて」といった様子を，ヴィダルさんが伝えてくれる。

木村先生との出会いは，ヴィダルさんのその後の人生をも変えた。「自分に自信がついたのは大きかった。木村先生と出会ってなければ，正直，ここまで主張するタイプじゃなかった。木村イズムだと思います。そうしたら，フランス人とも結婚してない。木村先生はわたしの人生を狂わせた人です」と言って，ヴィダルさんはにっこり笑った。

第2章

個を伸ばし集団を育てる
—— 児童理解と文化的な活動の充実から ——

小野太恵子

演劇「ザ・グレイテスト・ショーマン」で
演じる子どもたち

個性豊かなお面の数々

運動会で活躍した
応援団の子どもたち

　学校は，子どもたちにとって，福祉資源としての役割を担っている。本章では，小野太恵子教諭が実際に子どもたちや保護者にどのように対応してきたのかについての事例を紹介する。また，すべての子どもたちに活躍の場を保障するために，どのように学級経営に取り組んだのか，さらには学年を越えた縦の絆づくりを展開させたのかについて解説する。

第1節 児童理解

① 福祉資源としての「学校」── エコマップを描きながら

　生野南小学校では，児童理解の場として生活指導連絡会（月1回），田島童園連絡会（学期に1回），特別支援教育研修会（学期に1回）を実施していた。とくに，生活指導連絡会では，問題行動とその対処を報告するにとどまらず，その奥にあるタイムリーな家庭状況を共有し，さまざまな福祉資源につなぐことを視野に入れて進めていた。

　あくまで学校は，エコマップのパーツの一つであり，「学校だけで何とかする」という発想はなかった。というより，それは不可能であった。医療，行政，福祉機関というそれぞれがもつ機能をよく知る職員や，法的根拠に基づいた判断ができる校長のもと，話し合いがなされたことが，社会性ある支援を可能にした。教育ロマンを語り合うのではなく，家族を取り巻くエコマップを描けたからこそ，学校が担う使命を，よりいっそう浮き彫りにできたといえるだろう。

1. 盾になるという教師の役割

　ここでは，2つの事例から，教師の役割について考えたい。

〈case1　保護者に伝える──面前DV〉

　Aさんの兄は問題行動が多く，父親が兄に暴力を振るう姿を何度も見ている。学校も兄への暴力は把握していたため，父親への注意勧告，子ども相談センターへの報告，中学校と連携するなどし，Aさんには何かあればすぐに報告するよう伝えていた。そんなある日，Aさんが筆者（小野）に「お父さん，昨日も殴ってた。もう帰りたくない」と訴え，号泣した。

　過度のストレスを考慮し，Aさんが心許せる別の教諭がそばについている間に，筆者と管理職たちとで方向性を相談した。ここでの選択肢は「父親にだれが話をするか」であった。大人同士の問題であれば，役職ある管理職が適任だ。しかし，このケースでは，「一時保護所に行くか，家に帰るか」という究極の選択を子ども自身がしなければならないことを，判断の中心に置かなければならない。そこで必要なのは，「一時保護所に行かずにすみ，なおかつ地獄絵図のような家の風景を改善してくれる大人」だ。一言で言えば「信じられる人」。となれば，担任しかいない。プロレスラーのような父親相手に，上司に頼りたいところだったが，これが公教育に携わる者に必要な覚悟なのだと思う。

　命の危険が予想される場合，「親には言わないでほしい」と願う子に対し，悲しい選択肢を示さなければならないときがある。どちらの道もつらすぎて選べずに絶望する子どもにかけられる言葉は，「先生が説得するから，信じてほしい」──これしかなかった。「うん」

と言ってもらえるかどうかは，今日までの自分のあり方にかかっている。子どもがこういった恐怖にさらされたとき，役に立つ大人でありたいと心底願う。任せてくれた管理職たちにも感謝している。

　概略は電話で伝え，父親を校長室へ呼び，面前DVによる脳への影響や無力感，罪悪感という心的影響などといった，あえて科学的な内容を話の中心に据えた。「あなたを批判したいのではない，お子さんが心配なのだ」ということが伝わらなければ炎上する。相手の表情と出方を見ながら切り込むタイミングをうかがっていた。

　初めのうちは自身の暴力を否定していた父親も，面前DVによる心的被害があることに驚き，Aさんに対して申し訳ないという気持ちと，Aさんの兄に対する子育ての不安を吐露するようになっていった。ここからは役割を交代し，思春期の男の子の子育てや進路の相談に，木村教頭（当時）が応じる運びとした。ありがたいことに作戦通りだ。父親がすっかりと柔和な表情になったことを見計らい，図書室で，きっとおびえながら待っていたであろうAさんを呼びに行った。

　この翌日からAさんの表情は見違えるほど晴れやかになり，「お父さんが今まで悪かったなって言ってきてん。昨日は２人でお出かけしてん。しかもお兄ちゃんのことを相談してくんねんで，めっちゃおもろいやろ？」と笑顔で報告してきた。

〈case2　子どもに伝える──ヤングケアラー〉

　Bさんの家庭は，本児を含めた６人兄妹で，Bさんの下に４歳の弟と１歳の妹がいた。Bさんは，５年生の時に転入してきて，前の学校での経験から学校という場所に良い印象がなかったようだ。比較的休みがちで，その時点では家庭背景まで耳にする関係性ではなかったが，クラスの友達と打ち解け，劇では主役をするなど，毎日が楽しくなるにつれ，ポツリポツリと家の話をしはじめ「学校を休みたくない」とつぶやくようになった。

　母親は保育園と大喧嘩し，下の２人をやめさせている。上の兄弟は社会人や学生として忙しく，Bさんが下の子の面倒をみることが多いという。Bさんいわく，母親は男性と飲みにいくことが増え，そのたびに洗濯や掃除，食事の用意など，請け負う家事の内容がエスカレートしていた。しかも，「動けデブ」「服のセンスない」「一緒に歩くの恥ずかしい，けがれてる」などの暴言も増えていた。

　そんな矢先，昼前に母親から「娘を家に帰してほしい」という電話がかかってきた。おそらくその男性と飲みにいくのだろう。このパターンは珍しくなかったが，その日は，Bさんが初めて「帰りたくない」と口に出し，過呼吸となってしまった。養護教諭をそばに置き，保護者に事情を説明しようと職員室に走るが，わが子がなかなか帰ってこないことに痺れを切らした母親から電話がかかってきた。状況を説明したが，「医者でもないお前が何判断してんねん，はよ帰せや」と，かなりの勢いで怒鳴っている。すぐにインターホンが鳴り，着飾った母親が教室まで駆け上がってきた。

咳き込んでぐったりしているわが子を力ずくで連れていこうとする母親に対し，筆者は「こんなに体がしんどい状況で，何してるんですか」厳しく叱責した。もちろん，母親もまくしたててきたが，ここは，あえて一歩も引かなかった。理由は，この母親の姿を見て，「あなたの居場所は学校にあり，ここが逃げ場所だ」ということを，Bさんに伝えたかったからだ。もっと上手なやり方もあっただろうが，ここで大人同士のなれ合いを見せてしまったら，もう二度とこの子は戻ってこられないのではないかと思った。

　それを見抜いた木村校長が，「先生もうやめてください」と，咳にあえぐBさんの前に立ちはだかっていた筆者をどける役割をしてくれた。これで母親は悪役になり切らずにすむ。どんな理由があれ，親権には勝てないことを，よく知っておられた校長ならではの判断だったと思う。その瞬間わが子を心配する優しい姿に豹変し，抱えるようにわが子を連れて帰った。その日は飲みにはいかず，家にいてくれたらしい。

　明日，Bさんが学校に来てくれることが第一だ。置いていったランドセルを届けにあがり，「出過ぎたことをし，申し訳ありませんでした」と謝罪した。

　Case1の父親は，おそらく自分なりに子どものことを懸命に考えていたのではないかと思う。暴力≒愛だと培ってきた価値観に向き合うべきは，子どもだけではない。だからこそ，情だけでアプローチするのではなく，なぜ，そのやり方を止めるのか，説明できる根拠（知識）を備えておくことで，相手を責めずにすむ。

　Case2では，その後からBさんはよく家の話をしてくれるようになった。母親は相変わらずであったが，吐き出す場所ができたこと，ストレス解消のサイクルをつくれたことが，Bさんの強みになっていった。懇談に来た社会人の長男と話すことができるようになり，家族みんなで家庭を立て直すよう試みていた。

　両ケースともに，子どもが「帰りたくない」とつぶやいてくれたから事が前に進んだが，そうではないケースの方がきっと多いのだろう。何とかしてくれそうもない環境下で，子どもが本音を言うことはない。別のケースでは，19時半ごろにインターホンが鳴り，真冬に子どもが裸足で「逃げてきました」と泣きながら言ってきたこともある。この子どもは，一時保護所に見送ることになった。家がおかしいと比較できるくらいに「今」が満たされ，信頼できる大人がいるということは，子どもの人生を変えるのだと確信した。

　課題があることは報告し合わずともわかっている。本校の児童理解とは，適切な判断を下す際の「ここ一番」を逃さないよう一人ひとりに重なる事実と登場人物を，時系列で記録することだったといっていいだろう。また，背景を理解するだけにとどまらず，安全基地という学校を拠点に，子どもにとってのベターを追いかける機能も果たしていた。

　ただし，そんな勇気と行動力をもてたのは，「責任はおれがとる」という木村校長の佇まいがあったからだ。中学校でありとあらゆる事件を総なめされてきた実践力と，だからこそ必要だった法的知識に頼りながら，最後は担任の覚悟に事を預ける。「いざというとき，切

られることも，売られることもない」，最前線に立つ教職員にこそ，安全・安心が保障されていた。児童理解が，児童環境改善計画に変わる，その礎となった校長の影響は大きかった。

2. 社会性ある支援につなぐために――傾聴にとどまらず

　家庭訪問や個人懇談などで深い話になると，パートナーのことで悩んでおられるケースが本当に多かった。「働かない」などもあったが，ほとんどが，モラハラやDVといった内容であった。生野区には，保健福祉課内に子どもサポートネットがあり，名目上は，教育と保健福祉の分野をつなぐコーディネートの役割を果たしておられる。ただ，それよりも「大阪のおばちゃん」としての立ち位置を現場もよく理解し，保護者の同意さえ得られれば，一番の相談者になっていただけた。なかには，離婚や夜逃げを考えておられるケースもあったので，具体的なシェルター施設や法的手続きにまつわる話も聞くことができた。

　長期の不登校の場合，初めのうちは学校の責任を問い正す元気が保護者にあったものの，時が経ち，こちらが通っていくうちに，「自分の子育てが原因やとわかってるんです」と，号泣されることもあった。アタッチメント（愛着）形成不全により，大きくなっても母親のトイレにまでついてきて，母子分離ができずにいた状況であった。ここでは，スクールソーシャルワーカー（SSW）を中心に対策を練り，時にはそこに保護者に加わってもらうこともあった。母親自身が仕事をして人生を楽しむことや，不登校の生徒が通う中学校での過ごし方等を提案していただいた。

　いずれのケースも，解決に至ることはほとんどない。しかし，保護者は見えない未来が不安で，それは子どもにも伝わる。その場しのぎの傾聴ではなく，その道の専門職につなげるだけで安心され，未来への選択肢がクリアになるのだろう。知らないから，わからないからあきらめるということのないよう，こういった場合にも，やはり我々学校がすべき役割があるのではないだろうか。

　ただ，あくまで経験則での話だが，重度のDVの場合，つなげることが非常に難しい。そんな受援力をもとうものなら，気づかれてたたきのめされるからだ。悟られまいと「家族仲良しなんです」と笑う母親の笑顔に心えぐられたこともあった。

　また，精神疾患の保護者への対応も非常に難しい。専門職につながることを拒み，教員を専属のカウンセラー化してしまう。その結果，その保護者が教員に暴力を振るい，警察につなげなければならないこともあった。

　お母さんが笑っていることが，子どもは一番安心する。それが，当たり前でも簡単なことでもないからこそ，学校が打ち出す支援には，やはり社会性が必要なのだと考える。

2 福祉と教育との協働――田島童園との歩み

　筆者の赴任当初，田島童園と生野南小学校の関係は良好といえるものではなかったと記

憶している。何か問題が起こるたびに責任を押し付け合うような，そんな話し合いをよく耳にしていた。その背後には，「福祉」と「教育」という価値観の違いというより，子どもたちの抱える闇に，両者ともに心底疲弊し，限界に達していたことがうかがえる。

　2013年，下川隆士施設長が着任され，職員の方々の面持ちや雰囲気が日に日に清々しく変わっていった。翌年，研究部長として初めて企画した夏季研修で下川先生をお招きした。児童自立支援施設でともに過ごされた子どもたちの様子を，生い立ち作文をもとにお話しくださり，壮絶なまでの日常を知ると同時に，根気，愛情，そしてプロフェッショナルたる専門性に，圧倒されたのを今でも鮮明に覚えている。ご着任当初，下川先生が見立てられた子どもたちの様子を以下に示す。

【施設では】

・少人数の職員が大人数の子の世話をしているので自分の欲求は満たしてもらえない。
・力関係が上の年長児がいるなかでは，自分の欲求を出しにくかった。
・暴力やいじめなどを受けないか心配で，過覚醒状態のまま神経を張りつめていた。
・職員も力で押さえつけていた。
・親からの安定した面会や電話がない。そのうちまったくなくなった。
・好きになっていた施設の先生は，自分の気持ちに関係なくやめていった。
・もっとかまってほしいし，話も聞いてほしいのに，ちょっとしたことで注意してきて，うっとうしくなるときがある。
・寝るときは寂しくなるので，トントンとかナデナデを頼んだのに，ほかの子との取り合いや，順番を待つことが多くて欲求不満状態。
・親のことや，今どこにいるのか知りたいのに必死になってくれない。　など

【学校では】

・幸せそうな家庭の子と仲良くするのはしんどい。
・休み時間でも，授業でも，家庭の話などになるとつらい。
・授業参観や運動会などは，トラウマにふれてとくにしんどい。
・勉強は得意じゃないから面白くない。だから劣等感を「悪目立ち」でカバーする。
・面白くないので，快刺激に飛びついたり，性的な問題を起こしたりしやすい。

施設では満たされず，学校では傷つく。うまく生きられない子どもたちは，「どうせ，嫌われるなら好かれるようにと努力するより最初から嫌われるように振る舞っていた方が努力して傷つくよりも，傷が少なくてすむ」と，嫌われるような振る舞いをして，防衛している子もいるという言葉に，唖然とした。学校なりに，子どもたちのことを漠然とはとらえていたつもりであったが，そんな自分たちを恥じた。下川先生が，学校にお願いしたいこととして示されたことを，今でも忠実に守っている。長期休み明けに行う「田島童園連絡会」は，この年からスタートした。

【学校にお願いしたいこと】

・よく話を聞いてやってください。

　→大切にされている感がもてます。

・叱るときは，しっかりと目を見て，しっかりと行為を叱ってください。

　→子どもたちは，確かな手ごたえを求めています。

・いつも，ニコッと声かけをしてやってください。

　→自分のことを気にかけていると思えます。

・同性の先生へ…時には頭ナデナデなどもしてやってください。

　→大切にしてくれていると思います。

・認知が変わる，言葉の投げかけをしてやってください。

　→本来の欲求に気づき，関係や行動が修正されていくような…。

　→間違った言動が多く続く場合の将来の着地点を教えてやってください。

　→変えた場合の着地点も示し，その差に気づかせてやってください。

・思春期前期(小5〜高校)ごろから大きな課題にぶつかります。

　→寄り添ってやってください。休んだときは，たまにのぞきに来てやってください。

　→行動としては，しんどくて学校に行けなかったり，自傷行為をしたり，性的な問題が起きたり，暴力や反抗，非行が起きたりします。トラウマからの逃避や回避，すっきり感を得るためです。

※課題とは，自己統合ができるかできないかの問題です。今までの生い立ちや体験世界が問われることになります。施設の子がこれらの壁を乗り越えられるカギは，「心理的愛着」です。

2016年より，3カ年をかけて工事がなされ，集団生活をしていた子どもたちに個室（2人部屋）が与えられた。アイランドキッチンで担当の先生が目の前で手作りした料理を食べ，

一人でお風呂に入る。これまで，食堂で食事し，大人数でお風呂に入っていた子どもたちに「個」が保障される運びとなった。2017年，「『生きる』教育」を引っ提げて施設へ説明研修をさせていただき，理解を求め，指導を仰いだ。同年，ライフストーリーワーク（LSW）の研修会にお招きした才村眞里先生のご講演に共に集うことができ，同じ方向を向くことができた喜びは大きかった。2018年から毎年行っている公開授業には，皆さんに必ずご参会いただいている。

「僕は実践のみを信じる」——こう仰っていた下川先生は，応援団や演劇などで子どもたちが輝く姿を本当に喜んでくださっている。「魂でぶつかってくれる人がいるということは，子どもたちにとって幸せなことです」——そう，信じていただける学校であり続けたい。

1.「過去」に学ぶ——今ここにいる理由

「わたしはなんで園にいるん？」という小学生の疑問。「生きることがこんなにもしんどいのに，なんで産んだん？」という中学生の憤り。どの子どもにも必ず訪れるアイデンティティの大きな揺れが，いつ来ても，どこで起きても受け止められるようにするのが，施設を擁する学校の務めだと考える。

壮絶な暴力を直接受け，今も覚えている痛み，熱さ，息苦しさ。ゆっくりと自覚する性への違和感，心に侵入された記憶。3歳という年齢で食事の用意を自分でしていたネグレクトの景色。父子世帯ゆえの養育困難。パートナーからのDVに憔悴しきった母親のギブアップ。入院中の音信不通，そして今生の別れ。パチンコ屋に入りびたった末の育児放棄。子ども相談センターに自ら連絡を入れる親の背後にある覚せい剤，自殺企図。職業上の，望まぬ妊娠。子どもらしさを奪われた半年間の一時保護所生活。祖母宅，里親宅でも突き付けられる2度目の「さよなら」。自分以外の兄妹は自宅にいるという矛盾，居ないことになっている自分の存在。描けない，途切れたままのジェノグラム（家系図）。幼いながらに記憶する，家族の性描写——そんな現実にさらされてきた子どもたちがいる。

子どもたちに伝えたいメッセージは，「今，生きているだけできみは素晴らしい」——その一言につきる。今目の前で笑っている子は，その小さな体に背負いきれない荷物を背負い，今日を生きているということを，決して忘れてはならない。これからの人生に，疾風怒濤が待ち受けているということも。入所理由から学び，幼稚園に足を運んで迎え入れる本校の入学式は，「受け止めるからね」という約束の意味も込められていたように思う。

2.「今」ある不安を知る——待つのか追うのか会えるのか

「こんにちは，お元気ですか。生野南小学校の……」という自己紹介から始まり，「今日はお願いがあってお手紙を書きました」と，礼儀正しく，遠慮と配慮でいっぱいのこの手紙は，10歳の子が母親に会いたいという思いを伝えたものだ。負担に思われないように，何度も書き直したのだろう。しかし，返事が返ってくることはなかった。

「来年はおうち帰るねん！」とうれしそうに話す子どもにとって，年度が明けてしまう絶望は計り知れない。会える約束も電話する約束も守ってもらえない切なさは，他の大人では拭い切れない。しかし，何度裏切られても，どれだけ気まぐれにされても，親を悪く言う子はいない。「自分に興味がないはずはない」とすがるように信じているのだ。参観日に来ると言っていた母親を待つ45分間は，どれほど長いのか。林間学習の帰りのバスでは「帰りたくない」とつぶやく。遠足で，園の子同士集まって隠しながら食べるお弁当を，ちゃんと味わえていたのだろうか。毎日の生活の端々に，見逃してはならない施設の子どもたちの傷つき体験が，たくさんある。目の奥がちゃんと笑っているか，がまんした方が楽などと思わせていないか……，それも見逃してはならない。

みんなが楽しみにする夏休みやホリデーシーズンがつらい子がいる。自宅に外泊することがかなわない子どもたちだ。施設の先生方によって，優しさあふれる楽しい時間を用意されても，帰る家がないこと，待っている人がいないことに，直面することに変わりはない。「ママは自分より男を選んだ」「薬をとった」，小さな心に孤独をねじ込む子もいる。一方で，その帰る家がしんどい子が，やはり多い。カップラーメンとゲーム漬けの毎日。ゲーム漬けの母親のために家事をしなければならない毎日。いつのまにか生まれた新しい命。そして，新しい彼氏からの性暴力。長期休暇の後は，必ず休み中の様子の詳細をお聞きする会議を設け，新学期にかける言葉を考えた。

子どもたちが田島童園で見せる顔と，学校で見せる顔はちがう。上手に使い分けできているのは，園に安心できる場があり，学校に活躍の場があるからだろう。福祉と教育とで担う役割の違いを尊重し合い，「赤ちゃん返り」や「思春期の揺れ」のタイミングを逃さぬ緊張感を保ちながら，それぞれの立場にできることを話し合う。かつてのように，対峙するのではなく，カバーし合う関係を大切にしていきたい。アタッチメント形成不全がもたらす課題は，一人の大人を病ませるだけの破壊力がある。園では比較的「素」の姿を見せ，キレたり甘えたりする子どもたちを受け止めておられる職員の方々への敬意を，我々教員は忘れてはならない。そして，学校での活躍を保障することのみならず，園から通っている習い事やスポーツ大会に向けたがんばりを，「知ってるで」と伝えたい。「なんで知ってん？」と，ツンツンと照れながら，はにかんでくれたら，先手，成功である。

3.「未来」に目を向ける──親を上手に諦める

「勉強しなさい」──職業柄，何度か言ってきたこの言葉の意味が，本校へ赴任したことで大きく変わった。

再統合で家に帰ることになり，見送った卒業生に，青春を謳歌できた子はいなかった。学ぶ喜びを知り手を挙げて活躍していた子の，見事なまでの成績低下にいつも愕然とする。家事をするために部活に入れない子，入っても続かない子がいる。長年描いてきた素敵な親像や温かい家庭像と，現実とのギャップに苦しむ毎日なのだろう。一方，園に残る子は，

いくつまでここに居られるのかという不安と不自由を感じ，美しかったはずの親に，これまで抱かなかった怒りの感情がわいてくる。そして，知らないからこそ，手に入らないとわかっているからこそ，よりいっそうの家庭への憧れが強くなる。

　埋まらない心の穴を何かで埋めようともがき傷つき続ける人生ではなく，つらかった経験をだれかのために生かせるようになったとき，楽になるのではないかと感じる。そのときに必要になるのが学力だ。心の基盤や未来への展望がないなか，偏差値を上げていくことが難しいのは承知のうえで，せめて小学校では，机にかじりついた根気が結果につながる成功経験をさせてやりたい。もしくは，幅広く教えることで自分でも気づかなかった特技に出合わせてやりたい。

　人生を選ぶことができる「学力」をつけたいと，心から思う。

第2節 学級経営
── 顧客満足の追求

1 職業人としての「教師」

1. 中途半端に何でもできるプロフェッショナル

　筆者は生粋の体育会系で受験教科は物理，どちらかというと一つの分野を極めたい不器用さを自覚していたため，小学校教員をめざしていたわけではなかった。しかし，民間から教育の世界へ飛び込み初めて出会った先輩の仕事ぶりに圧倒され，以来現在に至るまでその背中を追い続けている。その尊敬する矢田亜樹教諭（現 大阪市立鷹合小学校）は，歌って踊れてピアノも弾けて，処理スピードは速く授業における理論も実践力も抜群の先生だ。

　10分休憩には計算ドリルの丸付けに並ぶ子どもの反対側にはリコーダーのテストの順番待ちの列があり，学級では常に二刀流で仕事をされながら，会議では多くあった校内の課題に対し物おじせずに発言され，提出物の締め切りが言われる数秒後にはもう必要書類を出されていた。大阪市小学校教育研究会算数部の重責を担われながら，児童詩や民舞の研究会にも参加されていて，子どもを伸ばすプロたるゆえんは，深い愛情を確固たる技術をもって示され，「学ぶ」ということにだれよりも謙虚であられることだと悟った。

　その後に赴任した生野南小学校での壮絶な景色のなかで，蛍のような灯に出合う。それは，孤独な生い立ちや劣悪な家庭環境のなかにあっても，純粋に知恵を求め，伸びたいと願う子どもたちの心そのものであった。精神的に立ち尽くすことが多かった1年目，だからこそ，こんなにも学ぶことの尊さに心震えたことはなかった。絵が得意な子，作文が得意な子，歴史が好きな子，球技では活躍できる子……，そんな一人ひとりを満たすために，こちらが「苦手」や「できない」などと言っていられなかった。一人取りこぼせば，そこから集団にとんでもない綻びが生じる。そんな緊張感のなか，準備に明け暮れた。ある程度の経験による貯金もあったが，目の前の子にぴったり合わなければ意味がない。広く，深く，緻密な教材研究は，当然時間を要したが，あの暴力や暴言が授業によって収まっていくことを知った以上，苦痛ではなかった。

　「言い訳」と「保身」という言葉がどこにもない先輩に出会えたこと，その後，生野南小学校でこの二言が許されない子どもたちに出会ったことが，すべてにおける原点となる。

2. 準備に勝る手立てなし ── 五感を使う心地よい1日を用意する

　教材研究において心がけていたことは，子どもたちが過ごす45分×6コマの授業を,「知識習得の時間」「感性を揺さぶる時間」「協働的に取り組む時間」というバランスを意識してコーディネートすることだった。たとえば，1時間目の社会科で，聖徳太子について史

実や伝説を習得し，板書いっぱいの情報を資料とリンクさせながら自分でノートに整理する。2時間目の国語科では物語の読解を図式化し，本文に書かれていることと想像したことを織り交ぜながら思考を巡らせ対話する。3時間目の算数科では，等しい比を見つけ判断する技術習得のための時間を多く過ごす。よくある6年生の授業風景だ。この日の時間割に体育があればそれで充分だが，なければ図工科でのびのびと水墨画を描かせたり，音楽科で歌唱や合奏練習をさせたりして，目や耳，指，声，そして表情を使い，友達と会話することや，心を動かすことを意識した時間を設けたい。楽しい学校行事や家庭科の調理実習などがある日には，黙々と練習問題を解いたり，レポートをまとめたりするような静かな学習をあえて入れるようにした。子どもの顔色や学級の空気感で即座にアレンジする日もあり，今思えば，子ども一人ひとりの「情緒」を教科指導をもって安定させることを意識していたのかもしれない。同時に，年間を通し，林間学習や子どもまつりなどの学校行事への準備時間をバランスよく散りばめるようにし，総合的な学習の時間や学級活動の時間には，友達と協力して取り組む何かがあることで学級の一体感を維持するよう心がけた。

　何度やっても約分に苦戦する子どもも，昼からの時間割が楽しみだから今がんばる，と，この小さな目標は効果的であった。あくまで筆者の体感ではあるが，応援団や劇のダンスなど，朝早くからハードな練習をしていても，この期間の集中力の方がいつもより高かった。学校という敷地に一歩足を踏み入れた瞬間から，何も不安に思うことなく頭と心と体をフル稼働させ，良い意味でクタクタになって家路についてほしいと考えていた。

　満たされた子どもたちは，勝手に仲良くなる。人に優しくなる。家庭環境や性格など，タイプの違う子同士，気がつけば休み時間までかけて行事の準備をしていたり，その延長で，放課後肩を寄せ合って宿題をしたりする姿を見るのは，この仕事をしていて一番ありがたい瞬間である。第1巻にある「『生きる』教育」とは，そんな景色のなかで，生い立ちに悩む子が，安心して不安をつぶやく場となればと願い，紡がれたものだったのだと気づく。

　すべての時間にいらぬ隙間を与えないよう，「質」を維持しながら，週30時間をコーディネートすることは容易ではなく，当時平日の授業準備が不可能であったことから，生野南小学校での土日祝日は，ほとんどを職員室で過ごした。赴任当初は平日の5日間，どんな暴力事案が起きても闘える（生徒指導対応と保護者対応をしながら授業のクオリティを下げない）自分をつくるためにやっていた。全員を理解させなければ学級が荒れる現実と，指導書通りにはできぬがゆえに求められるオリジナリティ。しかしそれは，国語科の研究活動につながる，個別最適かつインクルーシブな授業づくりの発想が身につく経験となった。また，この準備量が，どんな局面でも一歩も引かぬ，勇気の基ともなった。全身全霊をもって子どもたちの歪みを正さなければならない場面や，おそらくすんなり聞き入れそうもない保護者のもとへ足を運ぶ場面が必ずある。そんなときこそ，子どもも保護者も，教師の「佇まい」をよく見ている。そこに必要なのは，情熱や愛情という感情的なものを，いわゆる「育児」とは違う角度から，教師という専門職「職業人」としていかに具体的に示せるか，そ

こにどれだけの努力を重ねてきたか，覚悟が問われるのだと身をもって感じてきた。

「中途半端に何でもできるプロフェッショナル」。怯みそうなとき，疲れ果てたとき，自身を励ましてきたフレーズだ。この仕事ならではの醍醐味を，自らが楽しみ，伝えていきたい。

② 教室の中の「安心」を保障する

かつて受け持った6年生に，常にいじめの加害側であり，問題行動が目立つ男子児童の5人グループがあった。その中のリーダー格の子どもは，クラスメートとすれ違うたびに「くっさ」「きっしょ」「ふっと」とつぶやき，自分たち以外の全員に悪意あるあだ名をつけ，活躍する子どもを影でいやらしくののしるなど，標的の子どもが落ち込むような言動を周りの友達が自ずとやるよう裏で糸を引くことが天才的にうまかった。この見えない支配力に委縮していた子どもたちは，声を上げられずにいた。

4月のスタートと同時に，子どもらしさをすっかり失っていた他の子どもを，休み時間の学級遊びや行事の準備などで大いに盛り上げ，明るさを取り戻すことを急いだ。依然ルールを守らぬ5人には「義務教育やから授業は受けなさい。ただそれ以外の時間，好きなように人を傷つけ続けるのなら集団を外側から見なさい。ここは先生の学級や。ルールを守れるようになったら入ってきなさい」と伝え，これまで傷つけてきたクラスメートを傍観する場所に立たせた。当然，この5人が保護者にそのまま伝え大炎上となる可能性もあったが，これまでの悪事への自覚から，いらぬことは言わないだろうとふんだ。今なら保護者への根回しをするだろうが，当時はそうすることがすでに生ぬるく，今このタイミングでだれかに止められることなく実行に移すために，一か八かの危ない橋を渡った。

これに限らず，1秒を争うがゆえの判断で，結果オーライで済んだことが，生野南小学校では何度もある。傍観させながらめざしたのは，治安の回復と5人の解散，見えない支配力を消滅させることだ。掃除に5分遅れてきたら，5分間一緒に掃除した。トイレスリッパを履いていないとわかれば「どこを歩いたんや」と問いただし，学校中を一緒に拭いて回った。だれにどんなあだ名をつけたのかすべて書き出させ，もう一度言った際のペナルティを厳格に示した。正直者がバカをみるこれまでのような集団ではなく，申告すれば安全が守られるという安心感が充満し，一生懸命であることを恥じなくてもよい空気感ができたころを見計らい，全員にこれまで我慢してきたことを正直に書かせた。事の大小を問わず，やってきたことをやった相手一人ひとりに謝罪させた。ちなみに，このクラスでは，女子児童の間にも同様のスクールカーストが存在し，また別の方法で対応に奔走していたが，ここでは割愛する。

個々人を満たす授業を用意し，歪んだ規範意識を立て直すために，教師が揺るがぬ壁になった。集団で取り組むことに夢をもたせ，差別的な子どもたちに人権教育で「差別」と

いう史実を教えた。秋も近づくころ，その5人は，楽しそうな集団と自分たちの友情とを行き来するようになっていた。子どもとは，こんなにも人を許すことができる存在なのかと，我慢していないか留意しながら，その優しさに驚かされた。それでも，筆者が教室を離れたすきに殴られた子の歯茎から血が流れ，体調不良で欠勤した日は学校の片隅で教科書を燃やして遊んでいた。毎日，細胞レベルの緊張感で仕事していたことを思い出す。

2月のある日，リーダーからずっと小バカにされ，使いっぱしりにされていた子どもが，ついにリーダーを殴った。5人の中の1人だ。おそらくまたからかわれたのだろう。不適切を承知で述べるが，筆者はこれをもって，長かったトンネルは抜けたのだととらえ，この年の学級経営の着地点とした。リーダーは殴り返さぬよう近くの友達から止められていたが，その気もなく，どこか「やられてもしゃあない」という表情さえあった。あの強烈な力関係の渦中にあり，叱られながらではあったが，どうありたいのか自分と向き合い，更生と引き換えに，優しい仲間を手に入れた彼は，エンパワメントされたのだろう。やっと，感情をむき出しにすることができた（両保護者へのしかるべき事後対応はとっている）。

秋ごろから，リーダーともよく話すようになった。地頭の良さを評価し，結果を出せるよう支援した。学習発表会のために，幼いころの写真を1枚持ってくればいいところ，家中のアルバムを担いで登校し，多くいる姉弟や母親のことを数日かけて誇らしげに語っていた。彼の家のクリスマス会は毎年26日で，その理由がチキンやケーキが格段に安くなるからだと知ったころには冬になっていた。卒業ソングを決める際は，大量の候補曲を夜通しピックアップし，みんなに紹介してくれた。

3月の卒業式。すべてが終わった教室で，決して初めてではないよくあるサプライズ。オリジナルの呼びかけや歌の贈り物はさることながら，一点の曇りのない子どもたちの眼差しがうれしく，今日という日を迎えられた感謝から，恥ずかしくもうずくまり，声をあげて泣いてしまった。

研究部長として1年目であったこの年，序章に示した研究の3本柱（図序-4）は，このクラスの子どもたちに導いてもらったと言える。経験則に頼るのではなく，教室の中の「安心」を保障する方法を，整理して以下に述べたい。

1．子どものストレスに向き合う

教室の雰囲気を曇り空にさせる要素があるとすれば，それは，一人ひとりに積み重なる，以下のような「新たなストレス」ではないかと感じる。

【子どもの目が曇るとき】

○面白くない授業を受け続けること
　→明らかに教材研究がなされていない授業

→五感の一つのみを使い続ける授業（レクチャー型または完全放置型）

→説明の意味がわからず難しい，もしくは内容が簡単すぎる授業

○いわゆる「やんちゃ」「いけず」が，きちんと指導されない治安の悪さ

○しっかりした子どもがいつもだれかのお世話を強いられる構図（自発的はOK）

○無意識のうちに教師への恐怖心を根拠にした言動が成り立つ毎日

ただでさえ，家庭や施設でのストレスを抱えている場合，そのストレスを増やさないことはおろか，解消できるサイクルを学校内で見いだしていく必要がある。

2．問題が起きたときに——裁かず罰せず，学びの場を保障する

このようなストレスが積み重なると，物かくしや落書き，悪口を書いた手紙など，必ずどこかに何らかのサインを出してくれる。そのなれの果てが，手首や腕などを切ったり，抜毛したりして自らを傷つけること，そして，それが他者に向くことである。しかし，子どもとは，やらかしてしまう愛すべき生き物だ。問題行動0件をめざすなどナンセンス，やるなら校内でやってほしい。ただ，ここで大切なのは，この問題行動を学びの場として，学校という組織がきちんと機能しているかどうか，ということである。

ここでは，よくあるケースを2つ例に挙げる。

〈case1　加害児童が明らかになった事案〉

廊下に掲示されていた写真のCさんの両目の部分に画びょうが刺さっていた。Cさんは特定の複数人からいじめられていて不登校ぎみになっていた。本人はまだこの事実を知らない。

初動	掲示物をすぐに外し，本人の目にふれないようにする。
見通し	いじめ事案の加害グループが明らかで，更生という濃密な時間をすでに担任と過ごしていた，その真っただ中の出来事。この件にかかわらず，こういった環境にいる児童は，何かやってしまった場合，自分から名乗りでてくることが多い。
聞き取り	学習保障がかなう環境を整え，子ども同士の打ち合わせができないようにし，全員個別に聞き取る。状況証拠ができるだけ多い状態をつくるため，順番の最後の方に加害グループの児童を置く。そのうち2名が「自分がやった」と打ち明ける。その2名の名前は伏せ，再度残りのメンバーに聞き取る。
謝罪	Cさんと1対複数ではなく，必ず1対1で行う。被害児童の不安が解消されるまでは接近禁止。
保護者連絡	被害・加害，両保護者に事実と事後対応とを伝える。保護者間での謝罪を求められる場合はその段取りも。

〈case 2　加害児童が不明のままとなった事案〉

　Ｄさんの給食着がゴミ箱に捨てられていた。Ｄさんは穏やか性格なのだが，友達に対し心身の距離感をつかむことが苦手であったり，相手を逆なでする発言をしたり，不衛生な行動をとってしまったりする場面がしばしばあった。いじめられているという本人の訴えはこの時点でなかったが，身体が触れないように避けられるなど，みんなから除外されているような雰囲気が染みついていた。Ｄさん本人の被害感情が麻痺していることが最大の課題であり，ここでしっかりと手を打たなければこれからも続いていくことが予想された。

　理由・背景がどうであれ，これは，あってはならない「いじめ事案」である。

初動	①ゴミ箱から即座に拾い，袋も給食着もすべて洗濯する。 ②このケースではすぐに保護者に連絡し，事実とこれから対処する内容を伝え，結果報告のための家庭訪問のアポをとる。
見通し	おそらく加害児童がわからないケースだと予測し，起きてしまったことへの謝罪や事後対応の詳細と併せ，被害児童の生きづらさや人と上手に付き合えない特性があることをご両親としっかり共有し，長い目で見た対策を一緒に考えることで，保護者と協働した今後の予防線を張る。
聞き取り	ターゲットは絞らず，case 1と同様に行う。
全体指導	だれがやったかはわからないので，全体への指導となる。これはまぎれもなく「いじめ」であること，再発は絶対に許さないことを断言。これまで，Ｄさんとの関わりのなかで個々の不快感を間違った方法で伝え，傷つけてきた事実を認めさせた，そのうえで，Ｄさんへのアプローチは担任の仕事であり，子ども同士ですることを禁止。何かあった場合は担任に報告するという約束をした。それでもいじめた者については相応の対処をする旨を伝えた。
家庭訪問	父親の帰宅を待って伺う。状況を再度細かく説明し，初動と聞き取りの方法・内容，全体指導のすべてを伝えたうえで謝罪。そのうえで，これまでの校内外での話をしっかり聴く。「やられていることは何となくわかっていたが，うちの子もおかしいところがあるから仕方ないとあきらめていたんです」と母親が号泣されていた。
経過	母親自身の困り感を相談できる場，Ｄさんの特性をきちんとはかる場として子ども相談センターにつなぐ。

　両ケースとも，共通しているのは，発覚した段階ではだれがやったのかわからないことだ。どんなケースにおいても，初動が命。被害児童の絶望を最小限に食い止めることが最優先であり，保護者も，教師のこのとっさの行動に滲み出る誠意を見ているのではないだろうか。そして，見通しを立てた先にある着地点から逆算し，最初の一手を打つ。この見通しは，どうしても経験則からなるものゆえ，学年主任や管理職の指示を仰ぎたいところである。

　聞き取りでは，現場の図面を用意し，立ち位置や会話，行動のすべてを時系列に沿ってできるだけ正確に整理する。ここまで徹底的に聞き取る理由は，「やっていない」「覚えていない」としらを切る児童によって，被害児童が泣き寝入りすることを防ぐためである。

　保護者へのケアも忘れてはならない。被害を受けた子どもの親も同様に傷つくのだ。だからこそ，未解決であってもできうる限りの精一杯の対応をした事実を伝えたい。一方で

保護者対応の難しさは，むしろ加害者側の方にあると感じる。ここでも上記の聞き取り内容が効いてくるはずなのだが，学校への不信感が深い場合，どれだけ状況証拠が揃っていても，たとえ本人がやったと認めていたとしても「相手もやったんじゃないのか」「子ども同士のふざけ合いじゃないのか」となる。まず，担任として，自身の管轄下で起こしてしまったことについては謝罪する。そのうえで，事実を冷静かつ詳細に伝え，それをも踏み倒してこられる場合は，被害児童を守るための正義を貫く毅然としたブレない姿勢が必要である。加害者側の親への告知は積み重ねが必要で，「これまでそんなことで電話がかかってきたことなどない」と言われることのないよう，次年度も見越した対応をしたい。加害者側の親も，本当は子育てに困っておられることが多いからだ。言いにくいことこそきちんと伝える誠実さをもち，日頃から一緒に改善していけるバディのような関係づくりを心がける必要がある。

　全体指導では，とくにいじめ事案は「被害者」「加害者」「傍観者」に分けて指導し，やってもいないのに，指導されるストレスは与えたくないようにする。一方で，加害児童に刺さらない指導では，集団を不安にさせる。前に立つ担任の「いじめは許さない」という覚悟が伝わるかどうか，それに尽きる。

　警察でも裁判官でもない我々は，犯人を見つけることも悪を裁くことも求められておらず，そこには越えてはいけないラインがある。だからこそ，子どもたちの失敗を罰則ではない「学びの場」と置き換える，教育にしかできない手腕の重要性にも気づく。そこから逃げないことが，安心できる空間の保障につながるのではないだろうか。

3. 問題が起こる前に──縦から横のつながりを紡ぐ

　いざというとき，チームとして確固たる対応力があったとしても，そればかりに追われる状況は，子どもたちの安心を保障できているとは当然いえない。問題行動をいかに起こさないかという点で，答えをもっておく必要がある。

〈学級で〉

　教室の居心地いかんでは，遅刻ぎみ，もしくは不登校ぎみだった子が，自分の意思で普通に登校できるようにもなる。教室内に清々しく温かい空気をつくるということは，それくらい重要であり，同時に，表面的な努力だけでは成り立たない難しさもある。

【ほっこりと活気ある教室にあるもの】

○面白い授業にワクワクできる時間
　　→教師自身が探究心を抱きながら教材研究に打ち込んだ授業
　　→五感のすべてと心を忙しくフル稼働できる授業
　　→説明がわかりやすく，越えてみたくなるようなハードルを置かれた授業

○先生のためではなく，友達への思いやりをベースに醸成された規範意識
○学びの充実に満たされた子が，自ら困っている友達を助けようとする姿
○休み時間は，好きなことを好きなように，どんな友達とでもできる自由

「安全を守り心を満たしてくれる人」――これが，子どもたちが我々に求めるシンプルなオーダーだろう。そのオーダーに応える存在が，教師ではなく友達だったなら，どれだけうれしいだろう。手を変え品を変え，そのしかけを敷いていくことが，上に示した教室づくりの秘訣ではないかと考える。

一人ひとりのストレスを軽減するサイクルを一緒に見いだし，心満たされ，ほかの子に興味をもてる心境に育つまで伴走すること。仲間意識の芽が出てきた子どもたちをつなげる授業をすること。その絆を深めるために，学校行事を利用すること。縦（教師と）のつながりで満たされた子は自ずと横（友達）へとつながっていく。どこでどんな絆づくりができそうか計画を立てる。小学校は9教科（当時）のバリエーションがあることに，何度も助けられた（表2-1）。

表2-1 各教科・行事で縦・横をつなぐ

月	国語	算数	社会	英語	図工	家庭	体育	音楽	総合
4月	②気持ちよく対話をつづけよう ③サボテンの花 ②生きる	⑫対象な図形	⑥日本国憲法 ④政治と選挙	・復習&導入 アルファベット 数字・日常単語等	・ちぎり絵	・私の生活時間	・バトンリレー	・ラバーズコンチェルト	・学級開き ・縦割りスタート ・ようこそ1年
5月	⑦イースター島 ②熟語 ④友達の意見を聞いて考えよう	⑫文字式 ⑬分数のかけ算	⑦子育て支援と政治・震災復興と政治	⑧自己紹介 文：出身地・特技 言：生き物・国	・たいせつなものを握りしめた手 ・玄関掲示	・私の生活時間 ・クリーン大作戦	・鉄棒I ・マット(P18) ○開脚前・後転 ○側転	♪翼をください 明日という大空 おぼろ月夜	・LGBTQ ・ハンセン病
6月	⑨防災ポスター ③風切るつばさ ②複合語	⑦分数のわり算 ③分数倍 ②どんな計算に?	⑦縄文→弥生→古墳 ⑧飛鳥→奈良	⑧日本の行事やそこでできること 文：In季節…	・一点透視(まP90) ・水墨画(色有)	・エプロン作り	○倒立ブリッジ ○倒立前転 ○ロンダード ○しんにょ後転	♪星空はいつも ○木星	・子どもまつり企画 ・店づくり
7月	⑦インターネットの議論を考えよう ⑧ヒロシマのう	②比 ②データの読み取り	③平安 ③平安→鎌倉	⑥見たいスポーツ 文：Do you want to watch?	・オリジナル和風扇子	・暑い季節をかいてきに	○プール水泳 保健：心の健康	○音楽づくり ♪われは海の子 クラッピング	・平和学習
8月	⑩いまはじまる新しいいま	⑧拡大図・縮図	③室町	①行きたい国・したいこと・憧	・色いろいろ(まP70)		保健：けがの予	リ：メヌエット ○星の世界	
9月	⑥話し合って考えを深めよう ③敬語	⑥円の面積 ⑤角柱・円柱の体積	⑤戦国時代 ⑥江戸幕府	⑧夏休みの思い出 文：I went to〜 言：食べ物・生	・運動会の絵	・せんたく	運動会の練習	♪：剣の舞 ○旋律づくり	・運動会に向けて ・縦割り遠足準備
10月	⑩海のいのち ⑤漢文・日本文学 ②文と文とのつ	⑤およその面積 体積 ⑤比例・反比例	⑤明治 国づくり ⑥日清・日露へ	⑧世界で活躍する人の紹介 文：I like…	・銀河鉄道 ・写真の自分と背景 (P48)	①オムレツ ②野菜炒め	・ソフトボール ・鉄棒II	学習発表会	・修学旅行に向けて ・学習発表会へ
11月	⑬町の幸福論 →プレゼン&情報モラル	⑤並べ方・組み合わせ	総まとめ	⑧自分の町の紹介 文：We can see 言：通り・町名	・切り絵(灯) ・歴史学習の中	②ツナ入りポテト ・ハンバーグ	・跳び箱(P24) ○抱え込み ○台上前転大 ○首はね・頭は		・「『生きる』教育」
12月	⑦卒業文集P232 ⑦世界に目を向けて意見文を書こう	⑬データの調べ方	⑦太平洋戦争へ	⑥小学校の思い出 文：What your best memory?	・版画掘りはじめ		・バスケ 保健：病気の予防	♪滝廉太郎 越天楽今様	・合奏練習スタート ・同和教育
1月	②比喩・原因結果 ③いにしえの言葉	総仕上げ	⑦戦後平和な世の中へ	⑧将来の夢 文：What do you want to be? 言：職業	・版画刷る ・テープカッター	お金の授業 雑巾づくり	・タグラグビー ・マラソン	♪ふるさと リ：雨のうた ♪歌謡曲	・外国人教育 ・合奏練習
2月	⑧プロフェッショナルたち ④言葉の学習をふりかえる		⑦日本とつながりの深い国々 ⑥世界の未来と	⑧中学校でしたいこと 文：I want to	・ランドセルにありがとう	バランスの良い献立づくり 買い物とお弁当	・バレーボール ・なわとび	♪卒業ソング	・卒業式に向けて
3月	⑤聞いてほしいこの思い ④君たちに伝えたいこと・春に		総まとめ	①世界の友達 総まとめ			・サッカー 保健：飲酒・喫煙薬物		

〈学校で〉

　ここへきて，働き方改革の逆をいく生野南小学校，と言われそうだ。しかし実際には，一つ一つの学校行事にこだわり，全員を笑顔にすることにマンパワーを集結させ続けたことで，全教職員トータルでの残業時間は年々減っていった。単純に子ども同士の揉めごとが激減し，個別指導や保護者対応が必要なくなったからだ。赴任した当初は，子どもたちが帰った午後4時半からが本番（保護者連絡）であったが，後にはそれを授業力の研鑽にあてることができた。何より心労と明日への恐怖心が薄れていったことこそが，一番の働き方改革であった。

　「忙しいけど楽しい」，子どもたちの喜びを自分たちの喜びとできる職場は強い。コロナ禍における混乱期もこの姿勢はブレることなく，保護者参観の工夫をはじめ，さまざまな知恵が飛び交った。

③　徹底した個別支援の先にある「チーム学級」

1. 個別最適なユーモア──35人のクライエント

　だれもがもつ「特性」。時に生きづらさにもなりうる自身の個性を，小学生のうちに，大阪人らしいお笑いで，「ええねん」「なんでやねん」とネタにし合える空間をつくりたい。学級としての笑いのセンスを磨き，ミニ芸人をたくさん育てたい。混沌とした世の中で，ユーモアほど強い武器はないと，それも生きる力なのだと筆者は本気で思っている。

〈勉強が苦手な子〉

　これにもさまざまな要因があるが，目の前に座らせるだけで，安心して取り組める子や，宿題の量を本人と一緒に調節し，ちょうどよい量と質であれば継続して取り組める子もいる。「さぼりたい」と思ってそうしているのではなく，お手上げから脱却する方法を自分で見つけられないのだ。どの子も毎日に「学びの積み重ね」があることに心地よさを感じることが重要である。さぼるしか選択肢がない環境こそが，ストレスとなる。個々人の最終目標さえこちらが把握し，達成さえできれば，その過程はオーダーメイドでよいのではないだろうか。

　また，勉強が苦手な子には「似た者同士の友情」を芽生えさせたい。計算がどうしても苦手な子たちに「どんぐり3姉妹」，ペーパーテストは得意でも作文が苦手な子たちには「かしこカチコチーズ」，水泳が苦手な子たちには「チームラッコさん」などとチーム名をつけることがある。からかう意味ではなく，1人じゃないという感覚をもってほしいのと，こうすることで本当に助け合い励まし合いが始まるからだ。当然，まわりの子がからかうような環境であればやらない。算数科では席を近くにして座ったり，作文でもらったアドバイスを「あんたできてるん？」とわざわざチームの仲間に声をかけにいったりする。水泳に至っては自分たちでキャプテンを決め，夏休みのプール開放に一緒に来ていた。差別意

識などない，クラス全体の規範意識の醸成さえあれば，友達の力で「苦手」が「楽しい」に変わる。一人で劣等感にかられ，投げ出すよりいいのではないかと思っている。

〈服装の乱れや片づけに無頓着な子〉

　ADHD傾向やアタッチメント形成不全といった背景が無縁ではない子たちだ。したがって，「正しなさい」「片付けなさい」は禁句。服装はこちらで正してやり，「かっこいい！」と褒め，ついでに「ほっぺたよしよし」や「ギュー！」もする。机の上が散らかっていたら「またお店開いてますかー？　何屋さんですかー？」と聞きながら，片付ける手順を一緒に考える。「①水筒を片付ける，②色鉛筆をしまう，③体操服をロッカーに入れにいく，④切りかけの資料を切る」と決まれば「じゃあ先生は，①の水筒と③の体操服を片付けにいくからその間にほかをやること」とすると，「ありがとう」と返ってくる。いずれにしても，不快を快にする方法を教わっていない，そこへのアプローチは，会話とお手伝いをすることで「快」へ導き，その良さをたくさん知ってもらう，ケアの発想が大切なのだろう。

〈その場の空気や相手の心情が読めない子〉

　このケースはどうしても周りの友達をイラっとさせてしまうことが多い。その子への指摘や指導はすべてこちらですると断言し，すべて報告することで線引きをさせた。このタイプの場合，パソコンや作文など，何か一つのことに秀でていることが多いので，特技を生かせる仕事を任せ，クラスのみんなに感謝される流れをつくりたい。

〈遅刻ぎみの子〉

　すっかりそのリズムに体が慣れてしまっている場合は，ルールとして許すわけにはいかない旨をはっきり伝え，保護者の了解をとり，毎朝迎えにいく。このハード面のアプローチと並行して，「学校が楽しい」というソフト面の充実にいかにもっていけるかがカギだ。

〈支援学級の子〉

　ポートボールやドッジボールなどの球技では新しいルールを考え，リレーではどうしたら早く走れるか作戦を立てるなどした。また，合奏ではあえてソロパートをつくったり，本人が好きなダンスがあれば，センターに置いて林間のスタンツ（出し物）にしたりした。嫌いな食べ物が給食に出たときにすり替えないよう注意して見ていたり，泣きながら食べているのを励ましたりし，可能な限り環境を調整しながら子ども同士が同じ目線でいられるようにした。

〈自己が脆弱な子〉

　とくに施設の子に多いのだが，「私は〇〇な子」「僕は〇〇が得意」と，自分へのラベリングができない子がいる。乳児院で育った子はとくに幼少期の養育者からの照らし返しの少なさゆえと学んだ。ただでさえ脆弱なアイデンティティの子へは，「とんでもない負けずぎらいさん」「体操の天才」「図工の天才」「本博士」「きっちりお亀さん（ゆっくりだが，きっちりやる）」など，肯定的なラベルをたくさん貼っていく。続けると自ら聞きにくるようになり，はにかんだ笑顔を見せる。

〈赤ちゃん返りをする子〉

これは，今の環境と関わる人に安心しきっている証拠で，やっとここまで来られたことを喜びたい。生野南小学校では，大きくなった子でも，日課のように先生の膝の上に乗ったり，抱っこを求めたりしている景色は当たり前に見られた。田島童園との役割を共有しながら，幼かったころに必要だった愛を，人目をはばからず，だれからでもどんな方法でも，たっぷりと受け取ってほしい。

〈自傷行為をする子〉

行為への否定はしないが，こちらの悲しい気持ちは伝える。養護教諭と協働し，日付，理由，方法，そのときの気持ちを記録してきた。自宅や園でする場合は，その場で止めることが不可能だが，教室で泣きながら抜毛する手が止まらなかった子は，強く抱きしめた。

〈何でもできる気立てのいい子〉

このタイプを友達のお世話係には絶対にしたくない。難しい問題集を常設しておいたり，ワンランク上の楽譜を用意したりし，学ぶ意欲に細かく対応したい。また授業では，答えに近いキーワードを使わずにヒントを文章化することにチャレンジさせたりもする。

2. 底抜けに明るく，どこまでも優しいクラスに──規範意識のその先へ

生野南小学校で，何度か卒業生を見送るうちに，その後のしんどさを目の当たりにし，もしかしたら小学生でいる今が，人生のピークなのかもしれないと思うようになった。そして，いつか人生に立ち止まったとき，独り途方に暮れたとき，友達と過ごしたこの思い出を，心の安全基地にしてほしいと願うようにもなった。我々教員は，どの学校行事も繰り返し何度も経験することができる。しかし子どもたちにとっては，もう二度と戻らないかけがえのない今であることを忘れてはならない。

〈小学校最後──忘れられない1年に〉

4月，スタートと同時にたて割り班のリーダーとして準備に取りかかる。班名を決め，旗をつくり，とくに1年生の名前と顔は会いにいって覚える。毎週木曜日の全校集会は，緊張の連続だ。体育のリレーでは，キャプテンを中心にバトンパスの練習に励む。自分たちの遠足が終われば，月1回のペースである社会見学を楽しみに，5月からは学年発表に向けた合奏練習のスタートだ。発表のテーマは人権教育。ハンセン病とLGBTQの学習から始める。そうしているうちに，6月には歴史の学習が始まり，ノート作りに悲鳴をあげつつ，目くるめくドラマに心躍らせる。ついに，「生南子どもまつり」の準備が始まる。企画書と店のレイアウトを描き，下級生にどんな指示を出すか計画する。企画書に合格が出るまで帰れない。プレッシャーとともにやりがいを学ぶ。プール水泳が始まり，ピース大阪で戦争を学び，校内の平和集会が終わると，たくさんの宿題とともに，夏休みがやってくる。

2学期が始まると，すでにもう運動会モード。朝練・昼練・夕練と，汗と砂まみれの毎

日だが楽しく，遅刻ぎみの子どもが更生する。しんどかった練習が終われば修学旅行だ。白良浜の夕日を背にはしゃぐ姿には，このまま時が止まればいいのに……とさえ思ってしまう。気候の良いこの時期にはソフトボールなどの球技を取り入れ，ここにも小さなチームワークをつくる。たて割り班遠足では，帰ってきた6年生の疲労困憊具合がほほ笑ましい。秋も深まるころ，学習発表会の練習が始まり，あちこちで作って描いて踊って歌う。たとえ主役ではなくても，成功させるために自分にできるベストを尽くす。集団が大きく変わる1カ月だ。この楽しくも怒涛の11月にはあえて経年テスト対策という厳しい勉強を強いていた。12月の試験が終わり，バスケットボールに夢中になりながら文集を書きあげれば，年が暮れる。

　3学期，卒業生を祝う会で披露する合奏と，卒業ソングの歌唱練習が始まる。自主練や個人レッスンに呼ばれる日々だ。マラソンで限界に挑戦し，家庭科では初めて一から献立を立て，友達と作って食べる。友達，教室，生野南小学校に，名残惜しそうに時を刻む3月，卒業式を迎える。

　研究や事務処理，教材研究のみならず，朝から石灰まみれになり，楽譜を書き換えたり，講堂で1人ダンスの練習をしたりする毎日は笑えるほど忙しく，愛おしい。ここ数年，卒業式では「学校楽しかったか？　友達好きか？」とだけ聞くようになった。「うん」と言ってもらえるこの瞬間，一緒に過ごせた子どもたちに，感謝があふれる。

第3節　学年を越えた縦の絆づくり

1　異学年のつながりを紡ぎ直す

　徹底したスクールカーストで成り立っていた異学年のつながりを紡ぎ直すため，一つ一つの行事と，そのコンセプトを見直した。強いお兄ちゃんとしてドッジボールの勝負を挑まれ，ちゃんと手加減している上級生。鬼として1年生を追いかける最中に抱っこをせがまれている6年生。そんなほほ笑ましい景色が増えるようになった。

1. 学校行事におけるたて割り班活動

　週1回ある児童集会では，班のメンバーが協力できるような遊びが企画され，運動会ではペア学年同士でおなかでボールを挟んでリレーをする。「生南子どもまつり」では，学年に応じた仕事に一生懸命取り組む姿が見られ，お客さんに喜んでもらおうと必死だ。全校遠足では6年生が地図を片手にオリエンテーリングを回り，疲れ果てた1年生をおぶって帰ってくることもある。班でお弁当を食べた後は，自然と異学年での遊びが始まり，ここで「いつもの友達（同学年）と遊びたい」などと言ってくる子は1人もいなかった。6年生を送る会で用意してくれたメッセージのプレゼントを大切に抱く6年生の表情は，照れながらも誇らしい。

2. 児童会主催のオリジナル企画

〈バースデー集会〉

　月1回，その月の誕生日の子どもたちが20分休みに講堂に集まり，ゲームをして遊び，児童会からの歌のプレゼントと手作りのメダルを受け取る。

　新しいたて割りのメンバーが新鮮ですぐに打ち解け，楽しむ様子が見られた。

〈ハッピーロード〉

　「生野南小学校をもっと笑顔あふれる学校にしよう！」と目標を立て，「全力笑顔」を合い言葉に，児童会の子どもたちが学校中の写真を撮ってまわった。

　その写真は，職員室前廊下いっぱいに，ずらっと飾られ，来校者や保護者も足を止め微笑んだ。

図2-1　たて割りで楽しむバースデー集会

図2-2　撮った写真は職員室前に掲示

撮られる子も笑顔，廊下に飾られた写真を見つけた子も笑顔。自分たちの企画を，みんなに喜んでもらえた児童会のメンバーが一番の笑顔となった。

3. スポーツを通して

エネルギッシュな子が，そのパワーと体力を正しく発散できるよう，スポーツ行事も大切にしてきた。学期に1回，児童集会で隣接学年のスポーツ大会（低：ドッジボール，中・ポートボール，高：バスケットボール）を企画した。また，学童泳力記録会に向けた水泳特別練習や，体育部主催でマラソン集会や縄跳び集会を実施した。

図2-3 地元のラグビーフェスティバルに参加

2019年6月にはリゲッタ生野区ラグビーフェスティバルに参加。放課後，運動場では，菊井威教務主任がラインを引き，木村校長自らタグをつけて待っている。猛練習の末，中学年の部では優勝することができた。大人はへとへとであったが，おそろいのTシャツを着て，楽しい思い出ができた。行事のみならず，本校の教職員は忙しい合間をぬってよく外で子どもたちと遊んだ。6年生の最後には，選抜メンバーvs.先生チームでバスケットボール対決もした。

チャイムが鳴ると外に飛び出し，息を切らしながら汗だくになって帰ってくるこのサイクルは，学校の治安維持を支えたといっていいだろう。

4. 民族クラブ──同じルーツの友達

民族クラブでは，1993年に発足以来，韓国・朝鮮にルーツをもつ子どもたちが自主的に集い，食や文化を通してルーツを学ぶ。ハギハッキョ（夏季学校）では，オモニ（おかあさん）の協力を得ながら，サムギョプサルにすいか割りと，最高の夏の思い出になる。オリニウンドンフェ（子ども運動会）やオリニマダン（子どもの集い）サマーキャンプ，

図2-4 食や文化をとおしてルーツを学ぶ子どもたち

民族文化祭，カルタ大会など，他校のチング（友達）とも仲良くなれる。

生野区中の民族クラブの子どもたちがチャン
ゴやプクを大音量でたたいて練り歩く，地域の
「本気」に，いつも背筋が伸びる思いであった。

5．全員参加の式典

本校の入学式と卒業式には，全校児童が参加
する。呼びかけや歌も，全員でやる。きちんと
「さよなら」を言える場が必要な子が，生野南
にはたくさんいたからだ。別れを悲しみしくし

図2-5　入学式・卒業式は全員が参加する

く泣く在校生の姿は，卒業生ががんばってきた証だ。それを誇りに，次の世界へ巣立って
ほしい。

②　応援団 —— 本当のヒーローとは

「見ている人からよくがんばったなと褒められたいか，それとも言葉を失うくらい圧巻の
世界へ導きたいか」と，初回の練習で子どもたちに問いかける。答えは後者だ。「導く側は，
限界まで努力しなければ観ている者に届かない，1カ月かけて，本当のヒーローとはどん
な存在か，自分たちで見つけなさい」と伝える。

1．更生の場から自己実現の場へ

赴任当初から，結局10年間，毎年応援団の担当をすることとなった。1年目は，自身が
担任する5年生の並びにある6年生の教室から，毎日担任の怒号が鳴り響き，子どもが飛
び出してくる日々であった。しかし，応援団には多数立候補してきた。がんばった経験が
ない，目立ちたいだけの子の指導には苦労した。本気でやらない者には本気でぶつかった。

太鼓のバチを放り，タスキをまくしとったこともある。下級生への示しがつかず，とう
とう練習から出され，しかし帰らずに鉄棒下で拗ねて砂遊びをしていた男子児童に，木村
教頭（当時）が「どうしたんや？」と声をかけにいくことが度々あった。そんな教頭の「外
すのか？」という問いかけの奥にある深い意味から学び「いいえ」と答えた。一方で，筆
者が6年の不届き者と格闘しているかたわら，「こんなことがしたかった」と，熱中するこ
とに飢えていた子どもたちの，充実感の花が一つまた一つと咲き始めていた。

かっこいい6年生の姿を見た下級生は憧れを抱き，立候補する。あえて人数制限をして
いなかったこともあり，いつも60人を超える構成であった。めざすは団長。このために，
4年生から一生懸命やってきた子どもが何人もいる。オーディションでは，日頃の行いや
人望など関係なく，声と態度に滲みでる気迫のみで判断すると伝えていた。一発勝負のそ
の瞬間，自分の出来映えに納得いかず，悔しくて膝から崩れ落ちる子どももいた。団長に

図2-6 応援団で全力を出し尽くした子どもたち

なれるのは2人のみ。ここで大事なのは，団長になれなかったメンバーが結果に納得できることだ。子どもは，力の限りを尽くすと，友達の健闘を称えることができる。ここ一番で恥ずかしがらず，正々堂々勝負できる空気感を日頃からをつくっておくことが重要なのだ，と子どもたちから教えてもらった。

　また，最後まで互角に闘い，惜しくも団長になれなかった子どもには，ダンスでセンターをさせたり，入場時に声を張る役割を与えたりするなど，活躍の場を別に用意する。ちなみに，4・5年生にも学年団長を設け，旗や和太鼓，大太鼓などのオーデションも実施しており，みんな一生懸命挑んでくる。

2. 自己実現をかなえたヒーローたちは

　朝と放課後の自主的な活動なので，1カ月間子どもたちがダレないようにしなければならない。揉めごとや怪我にもつながるからだ。その秘訣は，威圧することでも慣れあいの楽しさを与えることでもなく，演目の「質」にある。

　高学年の子どもの向上心を引っぱるには，できそうもないと思えるほど魅力的な演技を示すことだろう。硬派な応援の型と流行りの曲に合わせた激しいダンスは，子どもたちの日常をワクワクさせるらしい。いつも遅刻していた子どもが，毎朝7時半には正門にいるようになる。

　ダンスナンバーを8カウントで区切り，Aメロ・Bメロ・サビの隊形と振り付けを考える。アイドルやチアダンスのYouTubeから使える振り付けを棒人間に描き，子ども用にアレンジしながら自身の体にたたき込む。息を切らして飛び跳ねる子どもたちと一緒に，こちらも倒れ込む毎日だ。学校が落ち着いてきたころから，さまざまな形で全校児童が参加できるような内容にしていった。夕方の練習の背後には，「フレー！　フレー！」と真似ている，かわいいミニ応援団の姿があった。おかげさまで10年，残暑の風物詩として，保護者・地域の皆さまにも愛していただけた。

かつて，つらく悲しい体験により心傷ついたEさんが，圧巻の声と気迫で団長になった。オーディションでは，筆者が結果を言う前に，立候補したほかの子どもたちから口々に「降参」の声があがったほどだ。

運動会の前日，もう一度聞く。「本物のリーダーとは？」と。「見ている人を元気にできる人，感動させられる人」と，子どもたちなりの不器用な言葉で口々に答える。Eさんのように，悲しかったことも苦しかったことも自分の実力とし，だれかに勇気を与えられる，それは実現可能なのだということを，身をもって教えられる場でもありたい。この思い出が，Eさんの人生の安全基地になることを願う。

資料2-1 卒業文集に掲載されたEさんの作文

> フレー　フレー　生野南
>
> 私は四年生の時から、応援団の団長になっていましたが、五年生の時は、副団長になり、六年生では応援団の団長になりました。応援団の練習が始まりました。団長のセリフが覚えられなかったので、家で練習しました。選手宣誓を、うまく言えなかったので、家で練習したり、のどがかれたりしたけど、すごく楽しかったです。足が痛かったので、早く終わって欲しいなと思っていましたので、嬉しかったです。
>
> 運動会の本番は、うまくいきました。緊張が大きかったです。一番前で大きな声を出すのは、うまく言えました。でも、校長先生や、学校の友達、先生や、家族が見ていたので、頑張りました。応援団の団長を出すのは、すごく緊張しました。でも、早く終わって、ほっとしたのでよかったと思いました。練習や本番にきついこともあったけど、みんなをはげましながら、みんながんばった。
>
> 私は団長をやってよかったと思いました。「きつい」と思った人がいると思うけど、来年は妹が団長になってほしいと思っています。みんながんばったと思います。もし、応援団の団長にならなくても、頑張ればできると思う。だから、頑張ってほしいです。

3 だれもが光る場所づくり —— 子どもも大人も

子どもたちに「特性」があるように，大人にも得手不得手はある。かつて繰り返された教員のバーンアウトの要因は，だれもがもつ大人としての弱さと孤独を抱える子どもの怒りとが正面衝突していたこと，そしてそれを支える存在がなかったことが要因だったように思う。心に傷をもつ子どもたちと向き合う日々は，魂をすり減らし，時に深く傷つくこともある。山元ひとみ校長（当時）の存在は，最前線に立つ教員が羽を休める場所となった。ギリギリまで闘ってだめでも，きっと木村教頭が駆けつけてくれると思えた。たとえ失敗しても，努力を信じてもらえた。だからこそ，自分にできる精一杯を子どもたちのためにやってみようと，力が湧いた。生野南小学校は，そんな職場だった。

1. 音楽集会 —— 歌声ひびく学校に

長年音楽科を研究されてきた後藤裕美教諭を中心に，学校全体で取り組む音楽活動として，音楽朝会・全校合唱に取り組んだ。異学年と音を合わせて聴き合い，響き合わせる喜びを味わわせる。歌を通した「伝え合う場」だ。

図2-7 「伝え合う場」としての音楽集会

表 2-2 音楽集会の年間計画

月	内容
5月 6月	オープンスクールに向けて 「怪獣のバラード」「カノン」
7月	生南子どもまつりに向けて「にじ」
9月	運動会に向けて「ゴーゴーゴー」「校歌」
10月 11月	学習発表会の全校合唱に向けて「変わらないもの」 音楽交流会に向けて 「希望の歌〜交響曲第九番」「変わらないもの」
1月 2月 3月	6年生を送る会に向けて「友達になるために」 卒業式在校生の歌「明日へつなぐもの」 入学式 新1年生へお祝いの歌「Jump!」

図 2-8 練習にも力が入る

新しい歌を楽しみに，いつもどこからか，歌声が聞こえてくる学校になった。

2．栽培活動——感謝の心を育てる

「作物の実りが自分の喜びになり，食べておいしく栄養になり身体をつくる。収穫した実りを家庭で調理して食べてもらえば喜んでもらえる。『ありがとう』の言葉が自然に出てくるような子になってほしいと考えました」——当時，教務主任だった宍戸誠一郎教諭の言葉だ。「おれは教育の土方や」ともよく言っておられ，畑におられたり，行事の準備をしておられたり，いつも忙しく汗をかかれていて，職員室にいることは少なかった。

図 2-9 子どもたち自ら野菜を育てる

学年ごとに決められた野菜がたくさんできれば「水曜の市」が開かれ，他の学年の子にもおこぼれがもらえる。また，秋には畑で焼き芋パーティーが行われる。放送がかかると，子どもたちはいそいそ畑へ向かい，焼きたての芋をほおばる。解放感あふれる子どもたちの笑顔に自然の恵みの偉大さ，「教育の土方」の愛情を教えてもらった。

3. 読書活動——本が大好きな子に

「校内に活躍の場を」という気運のなか，礒谷容子教諭は，「本が好きな，わりとおとなしいタイプの子にも輝く場があれば」と，国語科とはまた違う角度から，図書館でのさまざまな取り組みを企画された（詳細は第3章参照）。

図2-10 読書好きの子を表彰する

終業式には，読んだページ数が多い子どもや，来館回数が多い子どもを表彰する。「こんなことで？」と，戸惑いつつも誇らし気な「本の虫」たちは，みんなからの拍手がうれしそうだった。

4. 生野南の子どもファースト——必要なことならば

本校の給食室には，季節と食をテーマにした装飾がなされ，「いただきます」の前に「かわいー！」が聞こえる。また，ハロウィンやクリスマスには巻き込まれた何人かと一緒に教室を回り，手作りのプレゼントが渡される。全校遠足で子どもたちが拾ってきたどんぐりが，かわいいトトロに変身しているのだ。給食調理員さんにもらえる無償の愛に，子どもたちは目をまん丸にして喜ぶ。

図2-11 クリスマス行事で楽しむ

**図2-12 本校全職員が
子どもファーストを実践**

（子どもたちの「兄貴」櫻淵氏）

管理作業員の櫻淵幸二氏の部屋は，いつも子どもであふれていた。不登校児童のリレー練習に付き合い，ご指名を受けて一緒に社会見学にも行った。そんな兄貴が，子どもたちは大好きだった。

どんな子どももたくさんの大人に愛される，それが生野南小学校だ。

校長生活を振り返って

山元ひとみ（元 生野南小学校校長）

1. 着任して

2013年4月に, 大阪市立生野南小学校に着任した。

生野南小学校の子どもたちは, 学年が低くなるほど, 人なつっこく, 登校指導で玄関に立っていると, 何かしら話しかけてきていた。

ある日, 休み時間に, 職員室前の廊下の窓から運動場で遊ぶ子どもたちを見ていると, 遊ぶ子どもが少ないと感じた。教頭先生にそのことを話すと,「いいえ。今日はまだ, 遊んでいる方ですよ」という言葉が返ってきた。全学年が単学級である学校に着任したのは, 生野南小学校が最初で最後であった。クラス替えができず, 6年間同じ級友との生活を続けていく子どもたちの姿が, 目の前にあった。

月曜日朝の児童朝会, 木曜日朝の児童集会に遅れて来る子どもの姿が気になった。走って列に並ぶわけでもなく, 並んでも体が朝会台の方に向いていなかった。

2013年度の研究教科は, 前年度からの話し合いで, 図画工作科で取り組むことが進められていた。それを受けて, 2013年度の研究教科は, 図画工作科に決定した。

2. 何にいらつき, どうして, そんな言葉になるの

物事を斜に構え, 攻撃的な姿が高学年に見えた。威圧的な言葉で, 相手を痛めつけることも多かった。低学年の子どもたちに, このような高学年の姿を見せることは, 受け継がれたくないものとして, 徹底的に指導を続けた。「どうせ, 俺なんて」「俺ばっかり」といった言葉に表れる自己肯定感の低さが, このような行動の一因であった。自分の思いをうまく表現する術を身につけていなかったことも, 大きな要因であった。

3. 安全・安心

高学年の自分の思いをうまく表現できずに, けんかになり, 時には手や足が出る行動がエスカレートしてきた。

そこで, 全教職員が, 配慮を要する子どもたちの実態を把握し, 担任であろうがなかろうが, それぞれの立場で子どもたちに関わりをもって指導するようにした。教職員が一丸となって子どもたちの笑顔を守りたかった。

問題が起これば, 徹底的に当事者・関係者から話を聞き取り, 解決を図った。子どものペースに流されないようにした。担任だけなく, 職員室に残っている教職員全員での対応であった。

休み時間の見守り, 授業への入り込み, 教職員の見守りの死角ができないように動き回っていた。

4．2014年度の研究

　教職員全員で子どもたちの実態を共通認識し，そこから見えてきた課題を解決するために，自分の思いを伝えることができる子どもを育てることが第一だと考えた。そこで，2014年度は国語科を通して，下のような主題を設定して，実践研究に取り組んだ。

> 自分の思いや考えを
> 進んで表現する子どもを育てる
> 〜「読む力」を高め，「伝え合う力」を
> 　育てる指導を通して〜

　指導案検討会では，事前に教員が物語文を読み込み，授業者でない教員それぞれが，あたかも，自分が授業をするような立場で検討会に参加している姿が印象的であった。

　検討会でいろいろな意見が出され，それをふまえたうえでの再度の検討会が開かれることもあった。忌憚のない意見が飛び交い，熱のこもった検討会であった。

　思いが伝えられ，うなずきや相づちをもって受け止められる体験を重ねて，言葉の温かさと豊かさを身につけた子どもを育てたいという教員の強い気持ちが，授業を練り上げ，粘り強く子どもの力を信じて日々の実践をスタートさせた。教員は鍛えられた。必死であった。

　授業研究は，研究教科の国語科だけにとどまらず，他教科にも広がった。

5．心を耕す

　生野南小学校の取り組みは，教育活動全体から見すえたものであり，研究が授業だけに終わらず，子どもたちの日常生活に結びつけたことが大きな成果を得られたこととなった。

　国語科学習を中心にして，基礎・基本の確かな定着を図り，学力を高めていきながら，子どもたちの心を耕す取り組みも並行して行った。学習園での栽培活動，保健教育の推進，音楽朝会・全校合唱の取り組み，地域とのつながりを活かした活動，地域学習である。

　これらの活動を通して，子どもたちは，楽しい，ほっこりとした時間を過ごしたり，基本的な生活習慣の確立や自己肯定感を高めたりすることができた。

6．感謝

　子どもたちの安全・安心を守ってくださった保護者に感謝。子どもたちは，地域の宝として，地域の皆さんの温かい眼差しのもとで一人ひとりが名前で呼んでもらっていた。そして，学校教育に協力してくださった地域の皆さんに感謝。永年，研究を継続してくれた教職員に感謝。

　子どもたちのもつ力を信じてよかった。
　教職員の力を信じてよかった。
　諦めないでよかった。
　継続は，力なり。

心を耕す人権教育

小野太恵子・別所美佐子・西岡加名恵

「コリアンタウンへようこそ」の授業で
真剣に説明に聞き入る子どもたち
（授業者は別所美佐子教諭）

在日外国人教育を受けた
子どもたちの声
（授業者は小野太恵子教諭）

　生野南小学校では，子どもたちの価値観を変えるように，手厚い人権教育が行われた。具体的には，「『生きる』教育」，在日外国人教育，平和教育，国際理解教育，性教育，障害者理解教育，同和教育，地域学習の「8本の柱」で構成される。
　本章では，生野南小学校の人権教育の全体像を概観するとともに，特に平和教育に焦点を合わせて具体的な実践の姿を紹介する。さらに，歴史学習に関連づけて取り組む6年生の人権教育について解説しよう。

第1節　なぜ人権教育だったのか　　　　　　　　　　小野太惠子

1 「人の下に人をつくっていた」子どもたち

　本校の人権教育の歩みは長い。筆者（小野）の着任前から在日外国人に関する実践を，「本名を呼び名のる教育」とし，全学年で実施していた。さらに，2010年に着任した田中梓養護教諭が，性教育を立ち上げ，この2本が当時の人権教育の柱であったと記憶している。

　2014年からスタートした本格的な研究活動のなかで，学力を向上させるための基盤とし，生活指導による規範意識と仲間意識の醸成に取り組んだが，同時進行で子どもたちのねじ曲がった価値観を変える具体的な実践が必要になってきた。たまたまその年に筆者が担任をしていた6年生の人権意識の低さが顕著だったということもあり，社会科「日本の歴史」になぞらえ，1年をかけてありとあらゆるマイノリティについて考えさせた。たった1年で詰め込んだものの，その効果は明らかであったことから，これを幅広く，全学年で取り組むような，縦と横の実践系統を検討していく運びとなる。最終的には，2016年に着任した別所美佐子教諭により，整理された表が完成した。

　本校の子どもたちと向き合うなかで痛烈に感じた差別意識は，その根拠に自己肯定感の低さがあると感じた。自己を否定され続けた人生だったから，家には貧困の影があるから，待っている人が居ないから……「あいつよりマシ」と自分に言い聞かせるように，対象者への心えぐるような言動に出る。着任した年の6年生の2トップは，2人とも施設の子だった。壮絶な人生を送ってきたからこそにじみ出る12歳の貫禄に，だれも逆らうことなどできない。そんな渦中の子どもたちに，今この集団が直面している事案を提示しても，直視する勇気はもてず，自分事ではないと目を背けただろう。したがって，学級内で起こっていることとは全く別分野の差別事案を教材として，授業の舞台にのせることにした。

　スクールカーストの上位にいる子どもへ直接意見することはできなくても，事例にある「差別」について，社会問題として自己の正義を語り合うことはできる。恐怖心がぬぐい切れない窮屈な空間に正当な風を吹かせる，それが本格的な人権教育の初めの一歩であった。

2 生野南小学校人権教育「8本の柱」

　方々で取り組んでいた実践を整理し，子どもたちが6年をかけ，どの分野もバランスよくくぐることができるように，教材と併せて設定した。閉校（2021年度）間近には，各学年その年度に必要な実践1つに重点をおくだけで充分であったが，2014年度頃の状況では，この8本の質と量，すべてが必要だった（表3-1，表3-2）。

　大阪の人権教育は，在日外国人教育，同和教育，また，沖縄とのつながりについて学ぶ際，

076

表 3-1 生野南小学校 人権教育 8本の柱（2017年度）

	「生きる」教育	在日外国人教育	平和教育	国際理解教育	性教育	障害者理解教育	同和教育	地域学習
1年	**プライベートゾーン** プライベートゾーンは自分以外の人はさわらないということを知らせる。	**韓国・朝鮮との出会い** ・遊び（ペンイ・トゥホ・ノルティギ・チェギチャギなど） ・楽器（ケンガリ・チャンゴ・ブク・チン） ・ジャンケン、歌など ・2つの名前をもち児童のことを知る。そのことを認め合えるようにする。	**動物と戦争のお話** 戦時中、軍事上のために利用された動物たちだが、人間の手で奪われた命の事実を知り、平和を考えるきっかけとする。	**世界のあいさつや遊び・歌に楽しく出会う** 世界中のいろいろな国のあいさつや歌、遊びなどを通して、「もっといろいろな国の人と出会いたい」という気持ちを高める。	**体をせいけつに** トイレの使い方、友だちや自分だとを大切にしようとする習慣を身につけさせる。	**「ちがい」を みとめあう** 学校探険を通してたかし学級の存在を知り、個別に学習しているなどから、自分とちがいがあるのを感じる。	**「しごと」って？** 親の仕事を見つめることで、自らの生活をしっかりと捉え、いろいろな仕事に対する差別や偏見をなくす。	**公園たんけん・保幼小連携** 生野南公園へ行こう 保育園と交流
2年	**赤ちゃん教室** これまで様々な人の手で大事に育てられ、愛情を注がれてきたことを知り、成長を振り返る。		**原子爆弾のお話** ヒロシマ・ナガサキに落とされた原子爆弾のおそろしさを知り、差別に命を奪われる戦争の悲しみを考える。		**わたしの誕生** 胎児の成長の様子を知り、家族や周りの人から愛情や保護をもらって育まれていることを学ぶ。			**校区たんけん** 校区を探険しながら、田島方面のパン屋、林寺方面の銭湯など見学し、はたらく人々の社会見学など大変さや思いを学ぶ。
3年	**子どもの権利** 家族や友だちとの付き合い方や距離の取り方について考え、子どもが持っている権利についての理解も深める。	**「文化」を理解し「ちがい」を認め合う学習** 言葉・食事・住居・民族衣装など、調べ学習を進める。日本と似ているところ違うところを見つけ、認め合えるようにする。	**空襲について** 空襲で犠牲になった多くの人々は一般市民であり、自らの命を守ろうとする思いや平和への願いを深める。	**世界の衣食住を知り、「ちがい」を理解する** 世界の国々や地域には、各々独自の文化があり、気候や風土に適した住居や食事、衣装など手に入れることのできる食材などまさにさまざまである。	**男女の体を知ろう** 男女の体は大人に向かって成長していることを知り、違いを認め合えるようにする。	**体験的な学習** 「視覚障害」盲導犬・点字体験・ブラインドサッカーなど視覚障害がある方々との出会い「肢体不自由」	**友だちとの付き合い方** まわりの噂話やうわさに流された偏見が、前単に誰かを差別の対象にしてしまう怖さを考える。	**公共施設たんけん** 図書館・スーパーマーケット・コンビニエンスストア・商店街など、社会自分を学び、暮らしに役立つ施設を学ぶ。
4年	**10年史（LSW）** 自分の生い立ちを友だちと共有できる（子どもの権利）よりよく生きる主人公になれるようにする。		**特攻隊について** 家族や大切な人々の幸せを願い、日本の国を守るため、自らの命をかけて戦った人たちの思いの深さを学ぶ。	**これからの国際社会へ** 様々な国について、社会科を中心に地理的・歴史的な見地から正しく知り、一国をより詳しく興味をもった国について調べ、視野を広げる。	**二次性徴** 思春期になると、大人の体に近づき、体つきが変わるおこることが理解できるようにする。	「聴覚障害」ピアノ学習や太い低い体験などから学ぶ「聴覚障害」ピアノ学習や手話などを学ぶ「バリアフリー」	**大阪の産業を支えた人々** 「大和川の付け替え」工事のときに、川底に沈められた村があったことを知り、思いをはせる。	**平野川** すぐとなりに流れる、なじみある川について調べたり、韓国・朝鮮とのつながりについて学ぶ。
5年	**デートDV・結婚学** 人を好きになるということを大切にすることや、恋や愛について考え、結婚について学ぶ。	**正しい歴史認識をもとにした学習** はるか昔から現代にいたるまでの、日本と韓国・朝鮮との歴史を正しく知る。その上で、2つの名前をもたなかった歴史を支え、「差別」を許さない心をもつ。	**沖縄戦について** 平和すぎるなかで激戦地となった一変して多くの命が奪われたことを知り、命の意味を考える。		**心の発達** 自分の不安や悩みなどを知り、その解決方法を学ぶ。また、自分では解決できない場合の方法を知る。	**みえない障害** 「自閉症スペクトラム」や「学習障害」「注意欠陥・多動性障害」などの「見えない障害」について学ぶ。	**地域産業について学ぶ** 被差別部落の「皮づくり」や「太鼓づくり」に焦点を当て、職人の技の誇りや大切にしてきたことを学ぶ。	**コリアタウン** 平野川をたどりながらコリアタウンへ行く。生野区と韓国・朝鮮とのつながりについての理解を深める。
6年	**育児・お金・暮らし** 育児体験や、生きていくために必要なお金や手続きなどを知る。（小学生版）		**これからの平和へ** もう二度と戦争を起こさないためには、どうすればよいかについて、平和への第一歩を考える。		**エイズ** 感染症としてのエイズを正しく理解する。様々な人と共に生きるための方法をつける。	それぞれに得意なこと、不得意なことがあり、自分と相手の違いを認め合うことで、助け合える人になる。	**差別と闘ってきた人々** 長い歴史の中で身分差別などが生まれ、その差別と闘ってきた人たちがいることを知る。	**地域取材** 卒業をひかえ、自分たちが生まれ育った地域についてより深く知るために、聞き取りや見学などをして取材する。

表 3-2　生野南小学校人権教育「8本の柱」の目標

	目　標
「『生きる』教育」	だれもが安全・安心な生活ができるように，自他の心身を大切にできる心を育て，生きるために必要な知識を学び，人と人とのつながりや距離感について考える。
在日外国人教育	とくに，朝鮮半島と日本・生野区のつながりを知り，地域理解につなげる。また，本名を呼び名乗る実践に重点をおき，実践を行う。
平和教育	日本や世界でおこった戦争の歴史や，国民の生活・思想・家族との絆について学ぶ。また，お互いの立場を理解し，平和な状態を維持するにはどうすればよいかを考える。
国際理解教育	広い視野をもち，さまざまな国の異文化を理解するとともに，これを尊重し，共に生きていく力を育成する。
性教育（男女共生教育）	自分の体を知り，清潔に保ち，大切にすることで健康を維持する力を育てる。また，自分の体を大切にし，友達の体も大切にできる心を育てる。
障害者理解教育	障害への知識・理解を深める。また，学級のなかでは，両担任がパイプ役となり，障害がある児童と障害がない児童との良好な関係を築く取り組みを行う。
同和教育	日本の歴史のなかにあった部落差別の事実を知り，不合理さに気づき，自分の考えをもつようにする。
地域学習	各学年に応じた地域と関わりのある学習活動を行うことで，生まれ育った地域を知り，大切に思う心を育て，自己肯定感につなげる。

地域によっては，教師がそのルーツをもつ子どもを前に，差別の歴史について伝えなければならない場面がある。事実は事実として伝えながらも，その時代を生きた人々が苦難を乗り越え今があるということを誇りに思ってもらえなければならない。さらに，傍観者側，もしくは差別者の立場にいるマジョリティが，実践を通し「差別を許さない」という意思をもち，マイノリティの子どもたちを包むような授業にしなければならない。当然，展開や発問を練りに練る。要するに授業者自身に，確固たる意志と技術，そして何より子どもとの信頼関係が必要だということだ。

　本校では，人権教育を実践する際，次の4点に留意して授業をつくってきた。

①段階を追った学習のうえに，差別の事実を知ること
②正しく知ることで，事実と偏見とを区別できるようになること
③事実（歴史や文化）を知ったうえで，「ちがい」を認め尊重すること
④課題解決の視点をもち，差別する心をなくすこと，起こさせないこと，もしくは言動に表さないようにするための方法を話し合うこと

前記の①にある,「段階を追った」という点で, 1年生からの積み重ねが必要となる。「差別」という本題にどのように迫るのかについては, 改めて表3−1のカリキュラム一覧をご覧いただきたい。

　しっかりと心を耕し, 自分の下に友達を置かなくても大丈夫だという安心感に満ちてきた2016年頃からは, 社会的養護の子どもにスポットを当てた授業「『生きる』教育」の実践が, 一つまた一つと誕生していった。前記4点が, 指導者, そして子どもたちに定着し, 互いに信頼できる関係性が縦に横にと構築できたからこそ, 生い立ちや家族というタイムリーでデリケートな悩みが人権課題として浮き彫りになり, そこに切り込むことができるようになった。この経緯において, 順番を間違えてはならない。

③ 「本名及び名前について考える」取り組み

　人権教育8本の柱のなかで, 一番長い歴史をもつ在日外国人教育は, 保護者・地域への配慮を特段に要する取り組みだ。当然ながら,「差別はなくなった」と判断するのは, 差別されてきた方々である。史実への憤りや反日感情がゼロではないということは, 筆者が保護者との関わりのなか, 肌で感じてきた。だからこそ,「知る」ということに精一杯の敬意を表し, 充分なインプットと丁寧なアウトプットを心がけてきた。本校では, 全学年で毎年「本名及び名前について考える」取り組みを行ってきた（81ページの表3−3）。

　低学年では, 遊びや絵本などをとおして, 韓国・朝鮮の文化に楽しく出合う。中学年では調べ学習をとおして「違い」を理解する。とくに4年生では, 社会科「大阪の川」の学習の延長として平野川についてふれ, そのなかで生野区と朝鮮半島との歴史的な関わりについて学ぶ。高学年では, 1910年（韓国併合の年）から終戦, そして今に至るまでの,「差別」という悲しい事実があったことを受け止める。

　名前が2つあることを伏せがちな子どもは多かった。しかし, 名前の大切さや2つある意味, それを失う絶望を丁寧に学んできたことで, 実践のなかで本名を打ち明けたり, ルーツを明かしたりする子どもは少なくなかった。当時, 在日外国人教育を, 中心になって進められた礒谷容子教諭の言葉を記す。

　　本校では, 民族クラブに在籍している子どもが校内で羨ましがられるほど活動内容が充実し, 各学級で民族クラブを応援する雰囲気ができている実態があり, 子どもたちは韓国・朝鮮に対して, 前向きなとらえ方をしている。「民族クラブに入りたいけど, 自分にはルーツがないの？」と親に聞き, ルーツをもっていると判明した子どもが複数人いたほどである。

　　しかし, このような子どももいずれどこかで心ない差別に出合うことがあるか

もしれない。そのときに，低学年から学び培った正しい知識や歴史認識，差別に傷つく人の気持ちに寄り添う経験をもとに「そうではない」と差別を否定し，「生野はええ街やで」と堂々と話せる子どもに育てたい。

韓国・朝鮮につながりの深いこの街を誇りに思える子どもに育てることをめざし，これからも取り組みを深めていきたい。

なお，「本名及び名前について考える」では，次の教材を使用した。
・2年 『ひでちゃんとよばないで』(作・絵：おぼ まこと／小峰書店)
・3年 『もっと知ろっよ！ハングル』(文：金順玉／絵：池貴巳子／汐文社)
　　　『人権教育読本にんげん 3・4　ひと ぬくもり』(編：にんげん編集委員会／明治図書)
・4年 『絵で見る日本の歴史』(作：西村繁男／福音館書店)
　　　「2つの名前で生きる子ら」『サラム生活編1 民族への歩み』(編：大阪市外国人教育研究協議会／ブレーンセンター)
・5年 「コリアンタウンへようこそ」『人権教育読本にんげん 5・6　ひと つながり』(編：にんげん編集委員会／明治図書)
・6年 DVD『残された名刺──ある在日一世の軌跡』(制作：井之上企画・東映)
　　　「ぼくの本名宣言」『サラム生活編1 民族への歩み』(編：大阪市外国人教育研究協議会／ブレーンセンター)

表3-3 「本名及び名前について考える」実践一覧（2016年度）

1年	本学年には，民族クラブに7人も在籍していることから，その7人の民族名（本名）について学習することにした。周りの児童は，これまでにも7人の児童が民族クラブに在籍していることを知っていたし，校内発表会で民族名の自己紹介をするのも聞いてはいた。さらに，7人の友達が教室の黒板にハングル文字でイルム（名前）を書いたり，誇らしげに自分のイルムやルーツについて話したりすることで，民族クラブに在籍している子どもには名前が2つあるということを知り，そのどちらもが大切な名前であることを今まで以上にはっきりと理解することができた。 　この学習を出発点として，中・高学年の「なぜ名前が2つあるのだろう」という学習につなげていく。ペンイやトゥホなどの民族の遊びをみんなで楽しんだ。
2年	1年生のときに自分の名前の意味について保護者に聞き取った経験があり，当時の作文を読み直すことでだれもが親の思いがいっぱいつまった大切な名前をもっていることを思い出すことができた。 　また，絵本『ひでちゃんとよばないで』を教材として活用した。台湾人の父と日本人の母をもつ「ひでちゃん」が，敗戦を機に台湾の名前に変わる話である。戦時中の話なので，社会情勢の読み取りなどは難しい部分もあったが，本人の意思とは関係のないところで名前を変えられることの矛盾には気づくことができた。今後の学年で，本名を名乗ることができない気持ちに寄り添うことができる素地になった。
3年	本学年は，昨年度の取り組みから韓国・朝鮮にルーツをもつ子どもがいることがわかり，その後，次々にルーツをもつ子どもが現れた学年であった。 　韓国・朝鮮の有名な建物や食べ物，観光地などをスライドで紹介するところから学習をスタートさせた。絵本『もっと知ろうよ！ ハングル』を使って，韓国・朝鮮の文化について調べ，韓国ではご飯を食べるときに立て膝をすることや家族をとても大切にすることなどを知った。遊びについても調べ，ユンノリやトゥホで楽しく遊んだ。そのうえで，「わかってくれるかな」（『人権教育読本　にんげん 3・4　ひと　ぬくもり』より）に取り組んだ。教材の内容を真剣に受け止め，なぜ名前を打ち明けることに勇気がいるのかを考えることができた。
4年	韓国・朝鮮にルーツがあり，名前が2つあるということが，なぜ差別につながるのかを理解できない子どもの実態があった。そこで，絵本『絵で見る日本の歴史』も使いながら，古来より深いつながりがある朝鮮半島との歴史や，平野川を介した生野区と済州島とのつながりも学ぶなか，差別がまだ残っているという現実をとらえることにした。 　そして，「2つの名前で生きる子ら」（『サラム生活編1』）の教材を用いて，自分が，もしも逆の立場だったらどうするかを考えさせたり，主人公はなぜ本当の名前を打ち明けたのかを話し合ったりした。さまざまな意見や考えが出るなか，相手のことを正しく知ろうとすることの大切さ，逆に知ろうともせずに人を傷つけることの恐ろしさを確認し合うことができた。
5年	韓国・朝鮮にルーツをもつ児童は6人いるが，民族クラブに在籍している児童は1人という学年である。「コリアタウンへようこそ」（『人権教育読本　にんげん 5・6　ひと　つながり』より）を教材として，韓国・朝鮮にルーツをもつ人のほとんどが本名と通名の2つの名前を使うわけを知り，歴史的背景や現在のおかれている立場や状況を理解させようとした。ワークシートを用いて平野川について学習をしたり，コリアタウンの調べ学習や社会見学にも取り組んだりし，古来からの日本とのつながりや，素晴らしい文化や食を知った。 　子どもからは「もし，クラスに通名の友達がいて，明日から本名に変えると言っても，いつもどおり接すると思う。その子自身は何も変わらない」という感想を得ることができた。
6年	社会科で歴史を一通り学んだうえで，平和教育と結び付けて実践を行うことができた。DVD『残された名刺〜ある在日一世の軌跡〜』を見て，主人公が激しい弾圧から本名を守り続けたときの気持ちを考えさせた。その後，「ぼくの本名宣言」（『サラム生活編1』）を読み，感想を話し合った。 　民族クラブに在籍している子どもは，「自分以外にルーツをもっている人がいて，いじめられていたら助ける」と答えた。また，以前は民族クラブに在籍していたが今は辞めている子どもからは，「自分が朝鮮人で，みんなと違うから嫌だったけど，これからはそう思わない」という感想も聞かれた。（※詳細は第3節参照）

第2節　縦につらぬく平和教育

別所美佐子・西岡加名恵

1　なぜ人権教育か（別所美佐子，第1項〜第3項）

　小学校6年間のなかで，在日外国人教育をはじめとする，同和教育，平和教育，国際理解教育，障害者理解教育，地域学習などを1年生から系統立てて取り組み，子どもたちの実態に合わせて取り組み内容を考えながら進めていく。その時々の学年の課題によって，1回の授業でその年は終わるときもあれば，そこから発展してその人権課題について授業を深める取り組みとなる場合もある。さらに，5年生では「LGBTQ」についてを，6年生では社会科で歴史を学んだときに，社会的な差別を生み出した「被差別部落の成り立ち」や「ハンセン病問題」「在日韓国朝鮮人問題」についても学習する。今まで知らなかったことや，何となく聞いたことがある程度だった人権学習への子どもたちの関心は非常に高い。そして，自分のこれまでの価値観を広げるきっかけになったと感想を寄せる。ただ，自分事ではなかった差別の対象が，実は自分にも関わりがあることを目の当たりにする子どもがいるかもしれないということを常に考え，配慮していく必要は大いにある。

　さまざまな人権感覚を身につけ，自分や他者とのちがいを認め合い，相手の気持ちを大切にできる心を育てることを目標としている。

2　平和への願いを込めて

　「もう二度と同じ過ちを繰り返さないために」──そういった想いを，さまざまな戦争体験を話してくださる語り部さんたちからたくさん受け取ってきた。筆者（別所）が子ども時代から，教師になってからの研修も含め，語り部さんたちと出会える機会は多かった。

　ヒロシマやナガサキでの被爆体験談，オキナワ戦，大阪大空襲，東京大空襲の体験談。強制連行で炭鉱やトンネル工事などで働かされていた在日韓国朝鮮の方々が残した土壁のハングルを見せてもらいながら，当時のようすを知っている方からお話を聞かせていただいたり，特攻隊より生還された方からの想いを聞かせていただいたりと，テレビのドキュメンタリーよりもさらに生々しい戦争という壮絶な悲しみや苦しみを伝えていただいた，私にとって大変貴重な体験である。

　しかし，戦後80年近くになると戦争を体験された方も高齢になり，さらに戦争中はまだ幼かった方が多いため，最近では子どもたちに戦争体験を伝えていただける機会を設けることが厳しくなってきた。現実の世界では無差別的に人を殺し合う戦いが途絶えることはない状況であり，その戦いが遠い国での出来事ではなく，今の平和な生活を守るために自

分たちには何ができるのかを，今こそ考えるべきであるにもかかわらずだ。だからこそ，学校という場できちんと戦争の恐ろしさを教え，平和の大切さを子どもたちとともに考えていかなくてはならないのだと思う。子ども向けの絵本をもとにして，そこに関連するさまざまな写真や資料を集め，できるだけ子どもたちにわかりやすくパワーポイントで説明できるような教材を作った。

③　６年間の平和教育の系統性

【1年生】『おれはなにわのライオンや』

作：さねとうあきら／絵：長谷川知子／文溪堂

　１年生では，まず，「せんそう」とはどういったことなのかを教え，国と国とが戦うことであり，そこではたくさんの人間が亡くなったことを伝える。さらに，戦争で亡くなった命は，人間だけでなく動物園の動物たちの命も同じであることを，絵本をとおして知ることになる。しかも，その動物たちは，戦争中の食料・燃料不足で亡くなっていくケースと，人間の身勝手な考えで殺処分されていったケースがあることを必ず伝えるようにしている。この絵本の舞台となった動物園は，ライオンだけでなく，さまざまな動物を殺処分している。涙ながらに自分たちの手で愛する動物たちを殺さなくてはいけなかった飼育委員さんたちのやり場のない怒りや悲しみ，戦争の犠牲になった動物たちの存在を１年生では学習する。

【2年生】『絵本 おこりじぞう』

原作：山口勇子／語り文：沼田曜一／絵：四國五郎／金の星社

　２年生では，「ヒロシマの原爆」について学習する。『絵本 おこりじぞう』を初めて私が読んだときの強烈なショックを，同じように今の子どもたちも感じていることを読み聞かせをするたびに実感する。この絵本では，やわらかいタッチでありながら炎に焼かれたヒロシマの町や被爆者たちの苦しみがはっきりと描かれている。さらに，傷ついたひとりぼっちの少女に最期の水を飲ませるために力を振り絞る力強いお地蔵さんの姿と，静かに息絶えていく少女の姿の対比が胸を打つ。

　原爆の被害の恐ろしさを学ぶというよりも，『おこりじぞう』のモデルとなった愛媛県龍仙院のお地蔵さんやアメリカのオバマ前大統領のヒロシマ訪問，原爆の子の像を建てるきっかけとなった佐々木禎子さんの千羽鶴や原爆ドーム保存のきっかけとなった楮山ヒロ子さんの日記の話などを織り交ぜ，平和のために立ち上がった人々の存在について紹介する。原子爆弾のインパクトは，絵本の力を借りることにした。唯一の戦争被爆国である日本に

住んでいるからこそ，原爆の怖さをきちんと知っていてほしい。

【3年生】『ちいちゃんのかげおくり』
作：あまんきみこ／絵：上野紀子／あかね書房

　3年生では，本校では採択していない他社の国語科の教科書に使われている『ちいちゃんのかげおくり』という絵本をもとにした。この絵本も『絵本 おこりじぞう』と同様，絵の影響力が強い。さらに，ちいちゃんという小さな女の子のあどけない姿と空襲という空からの恐怖だけでなく，家族と離れ離れになってひとりぼっちになるというお話が切なさを伝えてくれる。最後に女の子が空へすうっと消えていく場面では，「えっ，どういうこと？　ちいちゃん，死んじゃったの？」とつぶやきながら涙をこぼす子どもたちがいる。自分たちの住んでいる近くの駅にも空襲があって焼け野原になった写真を紹介したり，私が体験者さんたちから教えていただいた大阪大空襲のようすや戦争当時の生活のようすを写真や言葉で伝えたりすることで，原子爆弾という特殊な爆弾だけが戦争ではなく，自分たちの身近な生活にも降りかかってきたものだということを3年生では学ばせる。

　空襲について学ぶには，長編アニメ『火垂るの墓』（原作：野坂昭如／製作：スタジオジブリ）が一番印象に残るだろう。しかし，3年生の発達段階と映像時間を考慮して，同じ原作者の『凧になったお母さん』（バンダイビジュアル株式会社）というお話のDVDを次の時間に視聴している。アニメ映像が伝える炎の恐ろしさは，ちいちゃんの恐怖や悲しみをより際立たせるように思う。

【4年生】『すみれ島』
文：今西祐行／絵：松永禎郎／偕成社

　「ここに1枚の写真があります。この人たちは，どのような人たちでしょうか」

　この発問から，4年生の平和学習を始める。テーマは，特別攻撃隊。初めて特攻という戦い方を知ったときの衝撃は忘れられない。自分の命とほぼ100パーセント引き換えに，相手への損害を信じて（信じさせられて），体当たりで敵艦へ突っ込んでいく。自分の大切な人や故郷を護るために，若い命を散らしていくこの作戦は，当時小学生だった私にとって，信じられない戦い方だった。

　特攻を2時間後に控えた彼らであるはずなのに，なんと穏やかな表情をしているのだろう……『すみれ島』の絵本と出合ったときに，特攻隊を教材にするなら，絶対にこの写真から始めたい，と強く思った。さらに，特攻する予定だったその当日に，飛行機の故障で

飛び立てず，そのまま終戦を迎えた方から聞かせていただいた話も子どもたちに伝える。「おれは，死ねなかった。仲間に申し訳ないと思ってずっと生き恥をさらしてきた……。結婚して，孫までできて。生きていてうれしいこともいっぱいあったけれど，やっぱりおれはあのとき特攻にいきたかった」。命があることを喜ぶべきなのに，決して自分から死を望んだわけでもないのに，一度仲間とともに決意した思いが後悔とともにずっと心を苛んでいる。もう二度と，このような哀しい思いをする人が生まれないように，と願いを込めて，毎年，4年生の子どもたちに『すみれ島』の読み聞かせをしている。

【5年生】『てっぽうをもったキジムナー』
作・絵：たじまゆきひこ／童心社

　この絵本は，アメリカ軍がオキナワの島に乗り込んでくる様子だけでなく，集団自決や死に面した日本兵の無慈悲な行為，アメリカ軍の基地問題まで描かれている。主人公のさっちゃんを守るために生き延びた優しいキジムナー（日本兵）が，アメリカ兵を見た瞬間に発砲し，自分も撃たれて亡くなる場面で子どもたちは息をのむ。

　「なあ，先生。なんでキジムナーはアメリカ兵を撃ったんやろ？　戦争が終わってるって知らんかったから？」という子どもたちからの問いに対する答えは複雑である。終戦に気づかなかったから撃ったのかもしれないし，気づいていたからこそ撃ったのかもしれない。「生き恥をさらした」「仲間とともに死にたかった」と語ってくださった特攻隊の語り部さんの言葉がよみがえる。そういうふうに教育されてきた時代。人を殺すことはいけないが，敵を殺すことは称えられる。それこそが戦争の一番危険なことだと，子どもたちに伝えている。

　DVD『かんからさんしん』（製作：株式会社シネマ・ワーク）もとてもわかりやすいお勧めのアニメーションである。集団自決の様子や朝鮮の方への差別意識，横暴な日本兵の様子など，オキナワ戦での悲惨な様子が5年生の自分たちと同じくらいの歳の男の子の目線から描かれている。

【6年生】『伸ちゃんのさんりんしゃ』
作：児玉辰春／絵：おぼまこと／童心社

　6年生では，もう一度テーマを「原爆」に戻している。2年生の段階では伝えていない原爆の恐ろしさや，なぜ種類の違う2つの原子爆弾が落とされたのか，ということをナガサキの原爆を中心にして伝えていく。山王神社の一本柱鳥居や被爆くすのき，浦上天主堂などの被爆地を紹介し，ローマ教皇が「千の言葉よりも多くを語る」

と言って平和の大切さを訴えるために配布されたという「焼き場に立つ少年」の写真も知らせる。さらに，原子爆弾を確実に落とすため，戦争の終結までの時間を慌てるかのように「模擬原爆」（パンプキン爆弾）を使って日本各地で実験を繰り返していたことも教え，世界をまとめるには核兵器が必要なのか，そうでないのか子どもたちと話し合う。

　なかなか世界平和への実現は難しいが，知らなければ人の意見に流されてしまうけれど，戦争の恐ろしさや平和の大切さを知っていれば，戦争は嫌だとはっきりと言うことができる。一人では無理でもその言葉がたくさん集まれば，戦争を起こさせないようにすることができると信じたい。こうして，たくさんの人々から聞かせてもらった平和への想いを子どもたちに伝えていくことで，これからも，私が受け取った平和へのバトンを子どもたちに託していきたい。

4 3年生の平和学習 ── 「大阪大空襲」(西岡加名恵)

　では，ここで，実際に行われた授業の様子を紹介しよう。2021年7月2日に，別所美佐子先生が3年生に対して実践した授業である。別所先生は2021年度は5年生の担任であり，この学級の担任ではなかったが，前の学年まででも子どもたちに人権教育の授業は飛び込みの形で担当してきている。教室には学級担任の猪子智也先生もいて，授業の冒頭で子どもたちにワークシートを配付した。

1. 前年度までの学習を振り返る

　別所先生は，まず1年生・2年生での平和学習を振り返った。「何回かこのクラスにはお邪魔させてもらってきました。きみたち平和とか戦争とか1年生からお勉強してるよね」というと，子どもたちから「うん，した」という声があがる。「どんなお勉強した？」と問うと，「広島の戦争」，原爆が落ちたのは「8月6日」「昭和20年」，1年生のときには「ライオンが死んじゃった［前記の『おれはなにわのライオンや』を指す］」と，子どもたちは口々に発言する。1年以上前の授業でも，印象深く残っていることがうかがわれる。

　別所先生は，「よく覚えてくれてるね。で，今日はちょっと違うお話です」などと話しつつ，モニターを準備する。続けて，「きみたちのおじいちゃんおばあちゃんよりもっと上かな。ひいおじいちゃんひいおばあちゃんで，戦争でつらい思いをしたよってお話聞いたことある人いる？」と尋ねると，何人かの子どもたちが手を挙げる。「ひいおじいちゃんが戦争に行った」「ひいおじいちゃんが戦争で亡くなった」といった発言がある。

　「戦争が終わって76年になります。なので，その当時，戦争が終わったよって言われた人が76歳。ってことはだんだんと戦争を知っている人がお亡くなりになったりして，いなくなっています。だから私たちにできることは，知っている人がそれを伝えていって，こんな怖いこと嫌やなっていう気持ちを大事にすることやと思うねんな」

2. 空襲の具体的な様子を知る

　「じゃあ今日はこっち見てください」と，別所先生が教室の右前にあるモニターを指さした。すると，教室の一番左の列にいた女の子たち2人が，モニターが見えやすくなるように机を斜めにした。本気で聞こうとしている様子である。

　別所先生は，画像がたくさん入ったスライドを見せながら，空襲の様子を説明しはじめる。「はい，実は大阪にもこういう空襲といわれる空から爆弾が落とされるそんなものがあります。どう？　空見上げたら飛行機が100機，200機飛んでくる。UFOみたいやな。今やったらUFOだみたいに言えるんだけど，パッと空見上げたらこんなに飛行機がどわーって来る。で，飛行機がうわーいっちゃったーじゃなくて，そこから焼夷弾っていう爆弾が落とされました。……実は1トン爆弾っていう大きな爆弾があります。これ大人の女の人より大きなサイズ。大きな1トン爆弾に，こんな焼夷弾が入っていて，こんな感じ。1トン爆弾がばらばらって落ちてる感じ。ちっちゃくなった爆弾がみんなが住んでいる家とか学校に落ちていきます」

　モニターに見入りつつ真剣に聞いている子どもたちに，「人がいてるってわかってるんですね。わかってるけどなんでこんなんしたんやろ」と別所先生が尋ねると，何人かの子どもが手を挙げる。「爆弾を落としたから，怒ったから，爆弾を落とした」「聞いたことがある」「落とされる日の違う日に落とされた」「自分たちのものにしたいから」などと，子どもたちは考えを述べた。

　別所先生は，「戦争　国と国のたたかい」と板書して，「そう，戦争っていうのは，これはただの言い合いのけんかじゃなくて，殴り合いけんかじゃなくて，国と国との戦いなんです。一人がごめんって言ってもそれで終わらない。よく覚えてたね。もしかしたら前にも日本がよその国にやったからやったんちゃうか。実はそんな説もあります」。広島の街に爆弾を落としたのはアメリカだったけれど，その前に中国でも日本が同じようなことをしたから，「だから俺らもやっていいんちゃうかっていうので空襲を行ったっていう説もあるんです」と，確認していった。

　ここで「こんな感じ。実際の写真」と別所先生が大量の爆弾が街に降り注ぐ様子の画像を示すと，子どもたちから「うわぁ」とため息交じりの声がもれる。「この下にはみんなが当たり前に住んでいるような街で，小学生は学校に行って，大人は戦いに行ったり家で仕事をしたりとか人間が住んでいたところです。そこに爆弾が落ちました」

　別所先生は焼け野原と化した街のスライドを次々と見せていく。「これ1945年の6月です。大阪大空襲。大阪の福島っていうところ。梅田とか大阪駅とかわかる？　あの近くになります。そこでもこんなふうに爆弾が落とされまして，ここでは死者が28人で，けがした人が75人」「これ，都島ってところです。同じ日に時間差で，ここにも落として。あそこにも落としてっていう感じで，同じところにドーンって感じではなくて，ちょっとずつ落としてます。ここではなんと死者が343人」──「えーっ，めっちゃ多い」という声が上がる。

「けがをした人は，2596人も。こんな何もなくなってしまってんねん」

　ここで，別所先生は，さらに具体的な詳細を説明する。「日本の家ってその頃何でできてるか知ってる？」と尋ねると，「木」と答える子ども。「賢いね。木やから，木を無くしてしまうには」というと，子どもが「燃やす」と言葉を挟む。「そう，燃やしてしまうのが一番。だから焼夷弾の中には油が詰まっていました。その油がばらまかれたところに火が落ちるからブワッと広がるでしょ。そうやって焼け野原になっていった」と別所先生が語る。

　続くスライドでは，6月15日の大阪大空襲を受けた大阪駅周辺の写真が示される。「これが大阪。今やったらいっぱいビルが建って，いろんなお店があってにぎやかな街なんですか，ここは朝です。まぁ白黒なんで見えにくいんですけど，朝の8時46分から2時間，たった2時間なんだけど444機飛行機が来ました。そこから焼夷弾を3175個，1トンのトラックの重さぐらいが3175個分。だから朝なのに黒い煙が上がって，まるで夜みたい」

　さらに，続く写真では，同日の鶴橋駅周辺が映し出される。「はい，ここどこ？」「つるはし」「行ったことある？　そう，ここ生野区なんです。生野区の鶴橋駅前。そこがこんな状態」と別所先生が指さす写真には，家がすっかり焼き払われた様子が映っている。「今は普通……」とつぶやいた子どもの声を拾いつつ，先生は，「ここが今は普通のお店があって，駅もあって，キムチ売ってたりするよな。ちょっと行ったらコリアタウンもあるよな。あのあたり一帯がこんな状態になりました。ここでは死者が71人。怪我した人が437人です」。

　さらに別所先生は，大阪市の隣の堺市の空襲では約1万3000発，778.9トンの爆弾が落とされ死者1370人に上ったこと，8月14日には難波周辺や大阪城周辺に空襲があったことを説明していった（図3-1）。「ポイントなのが8月14日。この次の日何か知ってる？8月15日。実はこの日に戦争が終わるんです。もう降参，負けましたって言って戦争が終わるんだけど，その前の日に難波が空襲でこんな状態になった」「これも同じ日。これが大阪城のまわり。ここには兵隊さんが練習するように場所とってあったから，とくに何回か空襲受けてます。だから1回だけでこうなったわけじゃないけど。これ森ノ宮の駅。あともう1日終戦がはやかったら，ここで359人の人が亡くならなくてすんだ」と語った。

　続くスライドでは，大阪大空襲によって建物が消失した地域を示した地図と，「ピースおおさか」展示パネルが示されている。「1回目の空襲は中心部。だんだんと広がっていって，こんな状態になっていますが，結局大阪大空襲

図3-1　別所先生の説明に聞き入る子どもたち

は34万4000戸，そんだけのおうちが焼けました。そして亡くなった人が大阪だけで1万5000人近く，けがした人は3万1000人っていうすんごい数。戦争は広島だけじゃなくて，大阪でもたくさんの人を亡くしてます」

　次のスライドでは，日本全国の主な大空襲と被害を受けた地域の地図が示される。「そんな空襲が大阪だけじゃなくて，赤い点々がついてる所に大きな空襲が起きています。これ東京な。東京大空襲でも，8万8000人の方が亡くなっています」と語ると，食い入るようにスライドを見ていた子どもたちから「えーっ，めっちゃ多い」という声がもれる。

3. 人々の暮らしに思いをはせる

　ここで，別所先生は，戦争中の家の中がどのようになっていたのかを再現した写真を見せながら，子どもたちに当時の暮らしをイメージさせていった。「戦争中の暮らしはこんな感じでした。窓ガラスにテープが貼ってある様子を指さしつつ「これ，なんでこんなんなってるかわかる？」と尋ねると，「外から見えないようにする」「ガラスが割れないように」と子どもたちが推測する。「大正解。飛び散って大けがしないように」と先生が答える。

　続いて，天井から吊り下げられている電灯を指さしつつ，「これは何？」と尋ねると，「電気が壊れないように」とつぶやく子どもがいる。「壊れないようにもあるけど，明かりがもれるとそこに人おるなってわかるよな。そしたら爆弾は人がいないところに落とすのといてるところに落とすのと，こんな戦いがあったらどっちに落とす？」「人がおるところ」「残念ながらそうなんですよね。人がいっぱいいるところに落とした方が意味がある。これは明かりがもれないように人が住んでいるのがばれないようにできるだけ暗い感じでこんなふうになっています」

　さらに，壁に吊り下げられた防空頭巾を指さし，「これなんかわかる？　かぶんねん。何すんねやろ」と尋ねる。『ちいちゃんのかげおくり』の絵本を取り出し，表紙の女の子がかぶっている様子も示しつつ，「この子もかぶってんねん」というと，「本で読んだ」「自分の体を守る」などと発言する子どもたちがいる。「そう，体を守る。体の中でもどこ守ろ？」「頭」「ここに火が着いたら髪の毛燃えたらえらいことなるよな。まずは頭を守る。防空頭巾って言います。防災頭巾ってあるよね。避難するときに防災頭巾って最近はリュックに入ってたりするもんね。けど，このころは防空頭巾って言いました。空襲から身を守る」

　「きみたちの暮らしとはちょっと違う？」と確認すると，「うん，違う」と答える子ども。続くスライドの画像では，食事の様子が示されている。「はい，戦争中この当時の食べ物。これね，ちょっと見たらおいしそうって言うんだけど，実はこれはお茶の葉っぱが入ってるご飯でね，本当の白のご飯，お米が食べられなかったんです。お米は手に入らなかったんで，とってもとっても貴重でした。で，麦とかお芋さんとか入れてかさ増ししたりとか，そんな状態です。スーパーとかないからな，この頃。お店に行っても売ってないです。切符持ってないと，それとの交換でしか買えなかった。ほんとに食べ物が少ない状態になっ

てます。これも戦争中のおやつです。お芋がおやつだったり，煮たお豆，大豆やったり」

　同じスライドには，左の方に学校生活の写真も載っている。「学校も，みんなやったら運動場で何してる？」と問うと，「遊んでる」「鬼ごっこ」「遊具使ったり」「体育」と声が上がる。別所先生は，子どもの発言を受け止めつつ，「その運動場が遊ぶところではなくて，ここでお芋植えたりして，食べるものを運動場を掘って作ったりしてました」と語った。

　スライドを進めると，「防空壕」の写真が映し出される。「防空壕って書いてますね。これは空襲が来たとき立ってたら，爆弾落ちるわな。だからみんなどうしたい？」「隠れなあかん」「隠れなあかんな。で，おうちの中でおうちが燃えてしまったら？　なので自分のおうちの畳をどけて，穴掘ってこんな防空壕にしたりとか，自然の洞窟を防空壕にして，避難できるような場所にしてたりとか，いろいろ工夫をして，隠れる場所を作っていました」

　別所先生の緻密な教材研究に裏づけられた詳細な説明の数々に，授業を見学している私（西岡）自身，当時の状況をありありと想像するよう促される心地がした。

4．絵本を読み聞かせ，授業全体を振り返る

　ここまで説明して，別所先生は，「ということで，この本を紹介したいと思います」と，『ちいちゃんのかげおくり』の絵本を手に取り，読み聞かせを始めた。モニターに絵本の画像が映し出されると，学級担任の猪子先生がスライドを送っていく。別所先生は，読み聞かせの冒頭，「かげおくり」というのは，日差しの強い日に自分の影をじーっと見たあと，ふっと目線を上げると，空に影（残像）が見える遊びなのだと説明した。

　別所先生が絵本を読み聞かせている間，子どもたちは静まりかえって聞き入っている。

　やがて読み聞かせが終わると，別所先生は，子どもたちにこう語りかけた。「今日は残念ながら曇ってるんだけど，みんなは安心して空を見上げることができますか？」「できる」「綺麗な空やな，今日は曇ってるなって，空を見上げることできるよね。ちいちゃんたちの時代は，空を見上げると，『うわっ飛行機来た，隠れな，逃げな』──そんな時代でした。安心して夜はぐっすりと眠って，そして新しい朝を迎えることができるやんな。だから学校に来られるもんね。そんな当たり前の生活がいつまでも送れるように，今日は空襲のことを勉強しましたが，そのことを考えて，思ったこととか感じたことを書いてもらえたらいいなと思います。自分にとって平和とはいったい何なのか。当たり前すぎて，平和って何かなって思うことある？　平和って何かな。どんなことが平和なのかな。思ったこと感じたこと，何でもいいです。こんなこと知らんかったよってことでもいいので書いてください。ちいちゃんの感想でもいいよ」

　絵本の読み聞かせが終わり，少しぐったりした様子になっていた子どもたちも，鉛筆を手に取り，ワークシートに書き込みはじめた。「『ちいちゃんのかげおくり』の学習をとおして…」という見出しが書かれたワークシートには，「思ったこと・感じたこと」「あなたにとって，平和（へいわ）とは…平和のためにできること」を書く欄が用意されている（図

3-2）。何人か鉛筆が止まっている子どものところには，別所先生と猪子先生が机の横で語りかけて，考えさせていた。

　子どもたちがおおよそ書き込んだところで，別所先生は，「みんなの意見教えてほしいな」と子どもたちを指名していく。子どもたちからの発言を受け止めつつ，別所先生は，「たくさんの人がなくなったことがびっくりした」「せんそうになってほしくない」「せんそう中，食べ物が少ない」などと板書していった。なかには，「せんそうがこんなにしぬ人がいることと　しんでる人がこんなにいるからせんそうはあぶないことなんだってわかれたし　せんそうのときはごはんが少ないことだし　ごはんがぜんぜん手にいれへんということもわかったし　しぬ人が1万人をこえるっていうことがわかったし　けがをした人も大へんだし　みんながひっしでにげることが大へんなことがわかってよかった」と，ワークシートの欄いっぱいに書いた内容を読み上げた子どももいた。発言の後，この子どもは，「あなたにとって平和とは」の欄に「ごはんや友だちにあったりくらしたりできること」と書き足しており，自分の生活に引きつけて戦争と平和について考えた様子がうかがわれた。

　最後に別所先生は「はい，こんな感じで意見が出てきました。本当に戦争の怖さを知ってる。そのことが，戦争を止めることになるんだと思いますね。だからまたね，いろいろ考えてみてください。またね，今度DVDでも紹介できる予定があるので，みなさんで勉強してみてください。もしね，書くことに困ってる子がいたら，このへんの意見をつなげて書いてみてください。では，これで終わります」と授業を締めくくった。起立・礼の後，大半の子どもたちがワークシートを提出している最中でも，数人の子どもたちは再び鉛筆を手に取り，ワークシートに書き続けていたことが印象的だった。

図 3-2　子どもの書いたワークシート

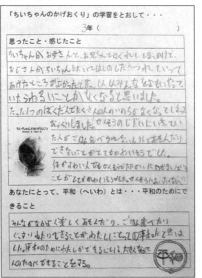

第3節　歴史学習とともにある6年生の実践

別所美佐子・小野太恵子

　小学校の人権学習のゴールとなるのは，別所美佐子教諭が改めて史実を深く調べ，小学6年生向けに教材化した以下の内容である。歴史の教科書に沿って，1年を通し総合的な学習の時間や学級活動のなかで展開させていく。

1) 伝えたいこと ── 教科書には載らなかった日本の歴史 (別所美佐子)

1. ハンセン病について

　この問題については，『きみ江さん　ハンセン病を生きて』（著：片野田 斉／偕成社）の本をもとにしてパワーポイントで教材を作った。きみ江さんの生い立ちやハンセン病療養所の様子などを写真資料などで紹介し，国をあげて差別を推奨することの愚かさと，無知であることや間違った情報に流されることで，簡単に人は偏見意識をもち，差別を生んでしまう怖さを教える。

　学習のまとめとして，『未来への虹 ── ぼくのおじさんはハンセン病』（企画：法務省人権擁護局／（財）人権教育啓発推進センター／映像時間30分）というアニメのDVDを見せる。このアニメでは，ハンセン病が発症してから療養所に入るまでの経緯や，中での生活の様子がわかりやすく描かれ，帰りたくても帰れなかった療養者たちの故郷への思いが伝わってくる。ハンセン病について，高学年の子どもたちにとっても，大変理解しやすい内容になっている。

2. アイヌ・沖縄について

　北海道と沖縄。日本の両極にあって，風土としては真逆で共通点は少ないが，そこでももともと暮らしていた人たちの文化のなかでは似ているところも多い。社会科の教科書には載っていない部分をさまざまな写真資料を使い，比較しながら2つの民族について学んでいく。

　明治以後，どちらの独自の文化も日本政府にとって野蛮で後進的とみなされ，同化政策のもとで差別されていく点でも共通しているといえる。見た目や文化の違いへの偏見から，根強い差別意識が培われることとなった事実を子どもたちと学習する。そして，今もなおそういった差別が残っていることも伝え，自分たちの偏見や思い込みに対する認識を考えさせる。

3. 在日外国人教育について

　在日外国人教育については，遊びや文化，楽器演奏などを通して，各学年で少しずつ韓国・朝鮮について学んできている。さらに，「(本名を)呼び名乗る」取り組みの一環として，1年生では絵本『ねこのなまえ』(作:いとうひろし／徳間書店)を使って「名前＝イルム」の大切さを学び，3年生では『わかってくれるかな』というお話から，本名(ハングルよみ)と通名(日本語よみ)をもつ人たち(在日韓国・朝鮮の人たち)がいることを学び，5年生では比較的自分

たちの住む地域の近くにある「鶴橋・コリアタウン」の成り立ちを学ぶようにしている。

　そして6年生では，社会科の歴史学習をもとにして，朝鮮半島との関わりについて整理していく。弥生時代の米作りの伝播からさまざまな時代ごとに朝鮮半島から密接に影響を受けてきたことを社会科の教科書から学び，さらに，戦争による朝鮮半島への関わり方の変化や日本軍がしてきたことを，絵本『ユガンスン〜朝鮮のジャンヌダルク』(文：仲村修／絵：金石出／ソウル書林)を通して教えていく。

　大阪市生野区には朝鮮半島にルーツをもつ家庭が大変多く，クラスの中にも3分の1程度ルーツをもった子どもたちがいる。その子どもたちにとって，自分も差別の対象になり得ると悲観してしまうのではなく，自分の中にある日本と韓国朝鮮のダブルのルーツを誇りに思えるような学びにしていかなければならない。そのためには，どのような内容をみんなで学習していくのか，前もって個別に話しておき，常にその子どもたちの表情や言動に注意しながら学習を進めていく。

4. 同和教育について

　部落問題は，日本の歴史のなかで身分的な階層構造の最下層として位置づけられた人たちが受けてきた差別問題で，日本固有の人権問題だといわれている。

　同和教育の一環として，3年生では，絵本『あの子』(作・絵：ひぐちともこ／解放出版社)を通して，見た目で判断した偏見や思い込みについて学習し，4年生では，「大和川のつけかえ」という自主教材をつかって「なかまはずれにされた村」の存在について学ぶ。5年生では部落産業のひとつである「太鼓づくり」について学んだうえで，6年生では社会科の歴史学習とリンクしながら部落差別について学習する。大きな社会問題として取り上げられることは少ないが，今なお生まれた場所，携わっている職業による差別があり，そしてそこから派生する就職差別や結婚差別など，人生の節目ごとに差別がつきまとう。長い歴史のなかで意識的につくられた「部落問題」の何がまちがっているのか，子どもたちとともに考えていく。

これらのさまざまな学習を通して，人権感覚を高め，相手の外側だけで判断せず，その人の考え方や感じ方，人との接し方などの内側を見る力をつけさせたい。また，それとともに自分自身の外側ばかりを気にするのではなく，内側を磨く努力をすることで，自分に自信をもって生きていく力も身につけてほしい。

② 生まれ育ったこの町を誇りに思えるように
── 2014年度の実践から（小野太恵子）

　2014年度に受け持った6年生は，いじめ，学校への行きしぶり，暴力，無視，悪口，低学力，低意欲と，同時多発に起こるさまざまな問題行動に追われた。同時に，きちんとがんばってきた子どもが，このクラスを，友達を，せめて好きになってから卒業してほしいとも考え，だれもが腹を割って話せるカリキュラムを練った。

　また，当時はまだ，高校に進学した際，「おまえ生野やろ？」という無意味な質問をされることもあり，子どもたちは地域を出て初めて「差別」に直面する。故郷を隠す生徒もいた。半年をかけて取り組む実践のなかで，「地域学習」を先に置き，最後に「在日外国人教育」をもってきた理由はここにある。

1.「人権」とは

　夏休み明け，実践の導入としてリバティ大阪（大阪人権博物館：2020年5月閉館）への社会見学を企画した。「人権」の意味さえままならぬ状態で懸命にワークシートを埋めながら各コーナーを回っていくうち，「異質」＝「差別」の構図に気づく。学校に戻り，「知らない」ことがいかに相手を傷つけるかを，LGBTQの実践で学んだ。

　DVD『いろんな性別〜LGBTに聞いてみよう〜』（制作：新設Cチーム企画）の視聴では，同性

図3-3　大阪人権博物館で学ぶ

カップルやトランスジェンダーの方々のリアルボイスに声を失うほど驚いていた。そんななか「もし，仲の良い友達が性別を変えたいと相談してきたらどうする？」と聞いてみた。自分らしく生きることに賛成した子が12人，いじめられることを心配し，反対した子が8人，それ以外という意見が15人であった。「性別を変えたら友達が減るけど，いいんやったら変えて，嫌やったらがまんして，おれはやめた方がいいと思う。変えたら気まずいから一緒にはおられへん」などと，正直な意見を言えたことで，きれいごとではなく，だれにでも偏見や差別心はあるのだと確認し合えた。

2. 歴史教科書とともに

　教科書（東京書籍）のなかで部落問題にふれているのは，竜安寺の石庭，江戸時代の身分制度，解体新書にまつわる腑分けの技術，全国水平社宣言の4か所である。身分制度のなか，厳しい差別にさらされながらも，独自の仕事を見いだし，それが唯一無二の優れた技術として継承されてきたことを理解する。そのうえで，1871年に解放令が出された後，なぜ差別はなくならなかったのかを考えさせ，差別とは，制度でも法律でも環境でもなく，人の心がつくりだすものだという気づきを促した。

　江戸時代の単元で，琉球と蝦夷地として紹介されている，ウチナンチュとアイヌの人々については，独自の素晴らしい文化と薩摩藩・松前藩による不条理な支配について詳しく説明し，現代に至るまで，その差別は残っていることも具体的に示した。

　朝鮮半島とのつながりについては多く，渡来人に始まり，秀吉の朝鮮出兵，江戸時代の朝鮮通信使，日清戦争，日韓併合からの太平洋戦況下における強烈な支配を学ぶ。この経過を淡々と授業できる地域ではない。日本人はひどく，朝鮮半島の人々はかわいそうという，安易な考えにとどまることのないよう，DVD『残された名刺〜ある在日一世の軌跡〜』（制作：井之上企画・東映株式会社）を視聴した。殴りたくない人を殴り，殺したくない人を殺し，優しい人を差別者へと変貌させるのが「戦争」であると，改めてとらえ直した。

3. 地域学習——町を歩いて

　この町の素晴らしい所を自らの目で確かめさせるため，校外への取材を連続させた（図3-4）。

　学んだ悲しい歴史と，現在の町の様子がゆっくりとつながり，そこにどれだけの人の，どれほどの努力があったのか，子どもたちが肌で感じている様子がわかった。ものづくりの情熱にあふれ，あたたかく活気に満ちた故郷を，誇りに思ってほしい。

図3-4　生野の町の地域学習（①〜⑤）

①連合町会長さんの聞き取り

②大阪市東部中央卸売市場

第3章　心を耕す人権教育

095

③生野本通商店街

④ランドセル工房生田

⑤タレックスのサングラス工場

4．この町に残った「差別」を学ぶ

〈コリアNGOセンター　金光敏先生をお招きして〉

地域の駅名や神社，地名などにも残る，生野
区と朝鮮半島との1400年にも及ぶつながりを，
教科書とは違う角度から学ぶ。100年ほど前，
済州島から連絡船「君が代丸」に乗ってここに
来たこと，朝鮮市場ができた経緯。そして貧困
と差別とのたたかい。在日コリアンの金先生に
直接聞けたことで，この地で起きたことはたん
なる歴史ではないと確信していたようだった。

図3-5　金先生による授業

〈戦後も残る「差別」〉

さらに，学校の中にあった「差別」を扱う。前掲書『サラム生活編1』の中の「ぼくの
本名宣言」を用い，歴史上の出来事や，国同士の問題などという遠い世界の話ではないと
いうことを，差別者・被差別者・傍観者の立場から，自分事として話し合った。

【韓国・朝鮮にルーツのある児童の意見】

- ・私は，よく祖母に民族クラブの話をします。初めて話したとき，「今の韓国人の
  子はいじめがなくて…」と耳に聞こえてきました。祖母は，小学生のころ貧し
  かったので，給食代を確かめるとき，よく名前を呼ばれていたそうです。でも，
  そんな祖母ですが，人一倍やさしく心配するほど元気です。
- ・「ぼくら日本人も，朝鮮人と同じ人間や」と言ってくれたらうれしい。
- ・べつに，朝鮮やからとか関係ないし。ある意味2個国籍あった方がラッキー。
  サッカーでもどっちの国籍か選べんねやろ。じゃあラッキーやん。おちょくら
  れても言い返したらいいねん。
- ・自分がキムの立場だったら耐えられない。今は，こんな差別がなくて本当によ
  かった。
- ・私も同じように考えてみたら，朝鮮人だから，そんなことは二度と言ってほしく

・こっちは仲良くしたいのに，向こうは嫌うのか…そこがわかりません。本当にかわいそうだ。

・こんとき，パパ朝鮮市場に住んでて，キムチ屋してた。朝鮮人やからってバカにするのは最低なことやん！　名前間違われるとかいちいち口にすることちゃう！　御幸森は朝鮮市場があるからキムチの匂いがするだけや。でも，そんな中でよく自信をもって言えたんはすごい。自分やったら言えてなかったと思う。

・この立場やったら，韓国名は言っていない。でも，民族行くときに時々がんばれ〜！って言ってくれるから，うれしい。

　最後に，「日本の苗字」と「韓国・朝鮮の本貫*（ほんかん）」について知ったことをきっかけに，韓国名のある子どもにもう一つの名前を聞いたところ，民族クラブに所属している6名としていない3名が快く教えてくれた。筆者が韓国料理好きだということもあり，話の展開はハルモニ（おばあさん）が作るおいしい韓国料理や，法事の話などになり，だんだんとルーツのある子ども同士で盛り上がっていった。この雰囲気のなか，本学級でいじめの被害にあっていた一人の子どもも黒板に韓国名を書いてくれた。

*発祥を同じくする同一父系氏族集団の発祥地，あるいは宗族そのものを表す概念。

　子どもは，本来自己を語りたいはずである。しかし，ルーツも生い立ちも語れなくしているのは我々大人であり，社会なのではないかとこのとき感じた。話したい自分のヒストリーに蓋をさせ，そうすることで大人がバランスを保っているようでは，弱者へのいじめや，保身という名の差別はなくならないということにも気づかされた。

　この地で，朝鮮半島へのルーツを語り合えることは，素晴らしいことである。それを可能にするカギは，いかに「聞き手」を育てるかにある。正しく「知る」ことで，人を大切にできる。学ぶことの素晴らしさ，その可能性を，人権教育のなかで味わってほしい。

5．この町で生まれ育った仲間

　すべての実践が終わったとき，「この町で生まれ，育ち，あなたはこれからどんな大人になりたいですか」と問いかけた。

【児童の意見】

・差別しない…そして差別されないくらいの人間になる。

・やさしくできる人になりたい。無理せずできることから。偽善じゃなくて本当の

善人になれたらいいな。
・でっかい器の持ち主
・差別してる奴は, とめる。困っている人がいたら助けてあげる。
・弱い人たちをいじめないで, 人の役に立つ大人になり, 生野区のことをまだ知らない人に教えたい。
・まず, サッカー選手になって, いろんな人の支援をしたい。
・流される大人にはなりたくない。
・韓国人としての誇りをもって, これからは差別がなくなるように願いながら, この素敵な場所で, 育っていきたいです。
・やさしくて, 心が強い人になりたい。(多数)
・役に立てて, 信頼のある人でありたい。
・差別をなくせる人になる。
・優しくて, 人思いで, 何でも大切にできる人になる。
・差別のない世の中をつくる。
・心の広い人。
・頼りにされる人。
・貧しい国の子どもの役に立てる人になりたい。
・この町で働く？？　というか…恩返しがしたい！！！
・欲を出さず, 人のためになれる人間になりたい。
・自分自身朝鮮人だから, 他の朝鮮人の気持ちがわかる大人になりたい。
・大人になったら, 韓国とかに対する差別がなくなってほしい。韓国名やルーツを大切にする。
・優しい心と, 諦めない強さをもちたい。
・差別している人を正せるような, 勇気ある人になりたい。

　生野区は, 教師として, 人として, 大切なことをたくさん教えてもらえる町だ。
　子どもたちには, この町の歴史と文化を誇りに, 人に優しくできる強さを, 身につけてほしいと願う。

第 4 章

カリキュラム横断で育てる「ことば」の力
──「暴力をことばに」変える──

小野太恵子

新聞記事を比較読みする授業

グループワークに
取り組む子どもたち

　子どもたちの「荒れ」に苦しんでいた生野南小学校では，2014年度から，国語科教育の研究に取り組むことにした。「暴力」で表現する子どもたちに「ことば」でコミュニケーションを取れる力を身につけさせたいと願ったからである。

　国語科教育の研究については本シリーズ第2巻で紹介したが，「ことば」の力を育てる取り組みはカリキュラム横断でも進められていた。本章では，読書指導のさまざまな工夫，児童会活動における子どもたちの話し合い，校内掲示板や放送局，国語科以外の教科での取り組みなどについて紹介しよう。

国語科授業研究のプロセス

1　8年間の研究のあゆみ

　2014年度に国語科の研究を始めるにあたって研究部長になった筆者（小野）は，国語科が大の苦手であった。それにもかかわらず，初めて手にとったのは国語科の先行研究ではなく旧生徒指導提要だった。それまで年3本だった研究授業を，依然として学校がしんどいなか年6本に変えるのだから，子どもの変容はもとより授業者にとってもやってよかったと思えなければ「負担」という声が上がってしまう。一つ一つの授業に，必ず結果を出さなければならないという緊張感を今でもよく覚えている。

　また，組織研究としての理論を押し付けるようでは，個性は輝かない。授業者自身が「やりたいこと」を具体化するには，研究部長としてアイデアと技術をもっておかねばならなかった。努力しなければ技術は身につかず，充分に悩んだ者にしかアイデアは降りてこない。何度も何度も七転八倒させていただいた，ありがたい8年間だった。

　そんな子ども・授業者ファーストな研究の理論はいつも，帰納的に構築されていった。それぞれが授業に描く夢を実現させながら，学校として一本の論にしていく流れにおいて，指導案検討会の進め方がカギであった。授業展開に立ち止まったときは，やりたいことは何か，改めて丁寧に確認し，それを実現させる具体的な方法をみんなで考える。必要な場合は，みんなで調べる。理論という，ある程度歩きやすい道を用意しておきながら，自由に寄り道をしていただき，足りない技術や知識はみんなで補う。寄り道をしたからこそ見えてきた発見を，研究討議会で共有した。

　チャレンジを否定せず，自由を保障するからこそ，授業づくりはしんどくても楽しいものであり，それでこそ，授業者をヒーローにできる。同時に，その自由なヒーローに，必ず帰ってきてほしい魅力的な道（理論）をこっそりと，でも確実に立てておくことも，研究がぶれない秘訣だろう。授業者に晴れ舞台を用意するには，十手先まで読んだ全員参加のシナリオを用意することが，研究部長に求められた。

　2014年度からスタートした文学教材の読解では，絶対に子どもたち全員ができるようなサイドラインを引かせ，キーセンテンスを中心に絵本やICTの助けを借りて読みやすくした。劇化は，本文だけではなく行間さえも読むことを可能にし，やや，自分自身を重ねた主人公の心情を，友達と真剣に語り合った。

　2017年度からは説明文の読解に苦戦した。しかし，この3年間で，指導書と実態との隙間を埋めるスモールステップや，オリジナル教材がたくさん誕生した。色使いの工夫，絵本，シンキングツール，文のパズル化，具体物など，子どもの思考を一途にたどったからこそ，手段を選ばず大胆な発想ができたのだろう。

2020年度はチャレンジの1年。読解力を活かして「書く」「調べる」「話し合う」領域の研究授業を実施した。ここでも生野南オリジナルは光り，その使いどころの緩急はますます研ぎ澄まされていった。45分の授業のなかで，読む・書く・話し合う活動をバランスよく取り入れ，それでいて常識にとらわれない，授業づくりの面白さを見いだしていった。

　田島南小中一貫校に統合される前年度，すなわち生野南小学校最後の年には，「暴力をことばに」変えるという立ち上げ当初の研究コンセプトに，やっとダイレクトに取り組むことができた。逆に言えば，「話す」力をつけるために，7年間の「読む」「書く」実践研究が必要だったのだろう。「話す・聞く」領域の6本の授業では，話型を読解から学び，自分たちが使えるように一般化する。それを手がかりに話す，消えてなくなる音声言語を，書くことで見える化し，向き合った。消しカメがたまる机の上で，話し言葉と書き言葉とを行き来しながら，自分が生み出したことばを声に出してみる。聞いて受け止めてもらえることでそれは完成する。子どもたちは，いわゆる「よそ行き」の言葉を，自分の力で身につけていった。

　以上の取り組みの詳細については，本シリーズ第2巻を参照されたい。なお，国語科教育の研究については，一貫して田村泰宏先生（甲南大学教職員センター）にご指導いただいた。

　8年間をかけ積み重ねてきた「ことばの力」は，学校の景色を変えた。話し合う楽しさを知った子どもたちは，友達とのつながりを広げた。議論することでクリエイトできる力は，高みをめざすことを可能にした。孤独や揺れを伝えられる力は，受援力になり，時には友達を助けることもできた。学ぶことは人生を豊かにするのだと，子どもたちから教えてもらった8年間であった。

　この間，子どもたちの「ことばの力」を高めたのは，国語科の授業実践だけではない。学校の至るところに，ことばをインプットする場とアウトプットする場所がたくさん散りばめられた経緯がある。その詳細を次項より述べたい。

② 「ことば」のインプット —— 生活に「本」を

1. 年間計画

　本校の子どもたちの本離れは著しく，学校においても家庭においても読書経験が少なかった。そこで，落ち着いた雰囲気のなかで読書を愉しみ，豊かな言語活動につなげたいという願いから，2015年度より，読書タイムや読書週間などの取り組みを本格的に始めた。

　2016年度はさらに，読書嫌いの子どもたちにいかにして本を読ませるかに重点を置いて，次ページ表4-1の取り組みを行った。

表 4-1　読書に関わる年間計画（2016年度）

		図書館運営	図書委員会		
常時活動		・書架の整理 ・団体貸し出しの管理 ・館内の環境整備 ・図書分類・修繕・廃棄	・書架の整理 ・「読み聞かせ」の企画・準備・実施 ・おすすめの本のPR		
年間の活動	4	○運営計画・活用計画の作成 ○団体貸し出しの手続き ○春の本の紹介	**めあて**		**活動内容**
			○図書館の整理をしよう ○本の貸出・返却の仕方を覚えよう		○組織づくり・役割分担
	5	○新刊図書の購入（計画・選定） 《サラム週間》 ○韓国・朝鮮の絵本の紹介	○図書紹介ポスターを作り，読書を呼びかけよう		○図書紹介ポスター作り
	6	○課題図書の受け入れ ○課題図書の紹介	○本の読み聞かせをしよう		○読み聞かせや図書館クイズの実施
	7	○平和に関する本の紹介 ○夏の本の紹介 ○読書感想文の募集 ○夏休み図書館開放の実施 　（図書館部） ○団体貸し出しの図書返却	○夏休み図書館開放の参加を呼びかけよう		○1学期の来館多数者・読書量（冊・ページ）の表彰
	8・9	○新刊図書の受け入れ・展示 ○図書館の蔵書点検 ○図書の廃棄 ○読書感想文の応募 ○運動会の本の紹介	○新刊図書を紹介しよう		○役割確認 ○ポスター・ポップ作成
	10	《読書週間》 ○読書週間の計画・準備・実施 ・来館スタンプカード ・ごほうびしおり作り ○委員会発表の指導	○図書委員会の発表と読み聞かせを成功させよう		○委員会発表の計画・練習・発表 ○各学年への読み聞かせの計画・練習・発表
	11	○読書週間のスタンプカード達成者の発表	○読書週間のがんばりを認め合おう		○委員会発表の反省
	12	○団体貸し出しの図書返却 ○冬の本の紹介	○2学期の読書活動を振り返ろう		○1学期の来館多数者・読書量（冊・ページ）の表彰
	1・2		○心に残る本を紹介しよう		○読書カードから紹介し合う ○ポスター・ポップ作成
	3	○団体貸し出しの図書返却 ○来年度あじさいブッククラブの申し込み ○年間計画の見直し			○1学期の来館多数者・読書量（冊・ページ）の表彰

2. 環境整備

学校図書館の壁や扉に季節の飾りを飾ることで，図書館全体の雰囲気がグッと明るくなり，子どもが足を運びたくなるような空間に近づいた。また，おすすめの本や季節の本，「図書館ニュース」（少年写真新聞社）に掲載されている本などを，棚の上部に表紙を向けて置き，子どもの手に取りやすくした（図4-1）。

そして，ポップを本の傍らに置いたり，本の表紙に直接付けたりすることによって，子どもの興味・関心を引きつける工夫をした（図4-2）。

さらに，月ごとにテーマを考えて，特集コーナーを設置した。7・8月には平和に関する本，月の美しい9月には天文関係の本や月が出てくる絵本，10月には宮沢賢治の命日に因んで賢治の絵本や伝記などを用意し，子どもが普段なら手に取らないようなジャンルの本に触れる機会をつくった。図書館の前面のホワイトボードには，日本十進分類法の表を常時掲示し，子どもが本を返却する際に棚の場所（番号）を意識できるようにした。

図4-1 おすすめ本の紹介

図4-2 ポップを付ける

3. 地域の市立図書館との連携

市立生野図書館との連携を図り，教科に関連する並行読書や調べ学習に活用するための図書を毎月貸し出していただく取り組みを強化した（次ページの表4-2）。その時その時のニーズに合わせて，適切な本を必要数選んでいただくことができ，効果的だった。

また，学期に1回，各クラスに学級文庫として活用できる図書を配送していただき，朝の読書タイムや休み時間などの読書に利用することができた。

表4-2 市立図書館から借りる本の年間計画

	1年	2年	3年	4年	5年	6年
5月	読み聞かせに適した本	おとぎ話	昆虫に関する本	学級文庫	国際理解に関する本	学級文庫
6月	読み聞かせに適した本	アーノルド=ローベルの本	ファンタジーの本	生活を支える仕事に関する本	平和と沖縄に関する本	戦争と原爆に関する本
7月	平和に関する本	やなせたかしの本	平和に関する本	平和に関する本	山あそびやキャンプの本	今西祐行の本
9月	言葉あそびの本	宮西達也の本	世界の昔話	新見南吉の本	宮沢賢治の本	戦国時代から江戸時代の本
10月	秋見つけの本（植物図鑑）		盲導犬関連の本	点字・手話の本	椋鳩十の本	立松和平の本
11月	レオ=レオニの本	動物関係の本	アイヌの関連本	大阪府の産業や工業の本	日本の工業について（中小工場）の本	言葉や漢字の由来についての本
12月	日本昔話	手塚治虫の本	いろいろな国々の写真集	日本の伝統がわかる本	手塚治虫の本	藤子不二雄の本

4. 読書タイム

水曜日の朝8時半のチャイムが鳴ると，続けて読書タイムの音楽が流れる。運動場で遊んでいた子どももすぐに教室に戻り，席に座って本を読む。どの学年でもおしゃべりする子どもは一人もいない（図4-3）。

字を読むことがまだ苦手で，ボーッとしている子ども（とくに低学年）には担任や図書の担当者が寄り添い，選んでいる本を小さい声で読んであげたり，交互読みをしたりして支援してき

図4-3 朝の読書タイム

た。初めのころは『I SPY ミッケ！──いつまでもあそべる かくれんぼ絵本』（文：ジーン・マルゾーロ／小学館）や図鑑などを選んでいた子どもも，読書タイムには字を読める本（物語）を読むよう声かけを続けてきた結果，後には自分から適切な本を選べるようになってきた。忙しい担任も，子どもとともに12分間読書できることが増えてきた。大人も子どもも本の世界に安心して浸れる時間となっている。

5. 読書週間

　2016年度は10月24日〜11月4日までの2週間，図書館部の教員の協力のもと，一日開館を毎日行った。

　前年度好評だった「来館スタンプカード」（スタンプが8個以上貯まると手作りしおりをプレゼント）の取り組みはそのままに，2016年度は「よい本」に出合わせたいと思い，「読書ビンゴ」に挑戦した。むかしばなしコース，名作コース，深いい話コースの3つのコースを用意し，好きなコースを子どもに選ばせる（図4-4，4-5，4-6）。読んだ本には色を塗るようにし，ビンゴがそろった列の数だけ「2冊貸し出し券」をもらえることとした。普段，図書館の本は1冊ずつしか借りられないので，子どもはこの券に興味をもち，毎日図書館に通い，ビンゴをすべての列そろえた子どもも少なくなかった。

図4-4 むかしばなしコース	図4-5 名作コース	図4-6 深いい話コース

　また，図書委員会の子どもによる読み聞かせにも取り組んだ（図4-7）。読書週間の間の読書タイム2回を使って，各クラスの教室へ行き，自分たちのおすすめの絵本や紙芝居などを読み聞かせた。各クラスを訪問することで，その学年に合った本を選ぶことができ，聞き手の子どもも熱心に目と耳と心で聴くことができた。

図4-7 図書委員会による読み聞かせ

　読み聞かせが終わって帰ってきた図書委員の子どもも，みんな充実した表情をしており，「またやりたい」と意気込んで話していた。さらに児童集会では，図書委員会が「読書クイズ」を発表した。学校図書館にある本のなかから委員の一人ひとりが工夫してクイズを出題し，盛り上がった。

　読書週間が終わった後，児童朝会の場で来館回数8回達成者（しおりプレゼントの対象者）を発表した。普段は目立たないがコツコツ努力をする子，いつもちょっとした隙間時間に

も本を読んでいる子，いつもは運動場で遊んでいるが自分なりの目標をもって来館できた子などにスポットがあたり，名前を呼ばれた子どもは大喜びだった。

6. 図書委員会の活動

火曜日と木曜日の20分休憩と昼休みに図書館を開放した。2016年度からは，雨天の日も開放することにした。2人一組で当番活動をし，鍵の開閉のほか，読み聞かせをしたり，本の返却・貸し出しの手続きをしたり，本の整理をしたりした。

委員会の時間には，課題図書や季節の本な

図4-8　課題図書を紹介するコーナー

どを紹介するポスターをかいて図書委員会用の掲示板に貼ったり，特集コーナーやおすすめの本にポップをかいて飾ったりしてきた（図4-8）。読書クイズを作って，お昼の放送で流したこともあった。読書週間の前には，来てくれた人のことを考えてプレゼント用のしおりも丁寧に工夫して作ることができた。

7. 図書館補助員・図書館ボランティアとの連携

2015年度の10月から図書館補助員が毎週月曜日に来校した。それに加えて，2016年度9月からは区役所に依頼して図書館ボランティアを紹介していただき，4名の方が来てくださるようになった。水曜日と金曜日の20分休憩に2名ずつ来られるので，このことによって20分休憩だけではあるが，念願の「図書館の毎日開館」をかなえることができた。

図書館補助員とは，連絡ファイルを作って意思疎通を図った。学級担任が調べ学習やブックトークで使えそうな本を集めてもらったり，図書館に季節の飾り付けをしてもらったり，図書館開放に来た子どもの統計をとってもらったりした。

8. その他

1年間に自分がどんな本を読んだのかを記録に残そうと，2016年度から読書記録カードをとることにした。本の管理がすべて電子化されているなかで，時代を逆行しているかのようにも思われるが，読書の記録を自分の目でいつでも確認できることは，読書意欲を高めることにつながると考えた。学期末には，低学年は読んだ本の冊数，中学年以上は読んだ本のページ数の多いものを児童朝会で表彰するようにしている。読んだ本をいちいち記録することは手間がかかり，達成状況には個人差があるが，書くことを楽しみに読書に取り組んでいる子どももおり，「目標をもって読書する」ための手段の一つとなった。

また，2015年度以降，来館回数ベスト10の表彰も行った。とにかく図書館開放の時間に行けばよいので低学年にもわかりやすい取り組みである。がんばった子どもへの表彰が

あることで，互いに認め合い，「次は自分も！」と意欲をもてるようになることをねらった。

以上のような取り組みを継続してきたことによって，学校のなかで子どもが本を手にする姿がごく自然になってきた。2学期には，学級の図書の時間以外に図書館開放を利用したことのある子どもが全校の9割近くにのぼった。大人が見ても面白そうな本をどこからともなく見つけてきたり，一人でも図書館へ足を運んだりする子どももいた。十分な読書環境が家庭にない本校の子どもにとって，学校における図書館の取り組みは，じわりじわりと「読む力」につながる原動力となっていった（図4-9）。

図4-9　利用者が増えた図書館

③ 「ことば」のアウトプット —— 学校のあらゆる場面で「伝え合う」

さまざまな学校生活のなかで見られる，よくある風景のすべてを「伝え合う場」にしてきた。毎週木曜日にある児童集会の時間を，たて割り班活動だけではなく，各学年の日頃の学習や児童会活動での取り組みを発表する場とした。もちろん，観ていた子どもからの感想も届ける。これは，聞き手の「友達を褒める視点」を育てることにもつながった（図4-10）。

かつてあった，一生懸命な子どもへの心ない野次や嘲笑はなくなり，どんな言葉を送ったら相手が喜んでくれるのか，真剣に考える姿が見られた。もちろん，友達を褒めることができた子どもへも拍手は送られる。

この，よい聞き手を育てるという考え方は，放送委員会の活動にもつながる。さらに，音声で伝えるだけではなく，掲示板を使って「書く」ことで，「ことば」の力を高めていくことも試みた。

図4-10　児童集会の時間に児童会活動の報告をし合う

1. 児童集会 —— 日頃のがんばりを伝え合う

学年発表では，どの学年も，がんばっている「今」を一生懸命伝える。大きな行事の隙間にある，この小さな目標は，聞き手がいるからこそ成り立つ（次ページの表4-3）。

表4-3 児童集会の時間に児童会活動の報告をし合う

月	学年発表（内容）	●委員会 ★学校行事 ☆集会
4		☆たて割り班の編成
5		●運営委員会（自己紹介と抱負を述べる）
6	4年：社会見学と音楽の発表 舞洲焼却工場・リコーダー「オーラリー」 5年：音楽で世界旅行 26か国の調べ学習・器楽合奏5曲	☆音楽集会（生南子どもまつりに向けて）
7	6年：地域学習で学んだことを伝える 東部市場・商店街・寺田園（お茶屋）・生田ランドセル・多田製作所・田島神社	●運営委員会 ★生南子どもまつり 　（たて割り班での出店・お店めぐり） ☆平和集会 ●集会委員会
9		☆応援集会や全体でのダンスレッスン ★運動会
10	（応援集会全員ダンス）	★全校遠足（長居公園） ●運営委員会 ☆音楽集会（学習発表会に向けて） ●図書委員会 ・クイズを交えたブックトークや読書週間についてのお知らせ
11	3年：子どもの権利条約の紹介 大なわとびに挑戦! 人権教育の発表・3分間で目標200回!	★学習発表会 ☆音楽集会（学習発表会に向けて）
12	2年：体をつかった表現活動 オリジナル九九ダンス・毬つきわらべうた	●飼育栽培委員会 ・普段の活動報告や野菜クイズ
1	1年：Let's enjoy English! 英語をつかった歌やダンスに挑戦!	●運動美化委員会（スポーツ集会進行） ●健康給食委員会（給食週間・劇）
2		●運動美化委員会（耐寒スポーツ週間） ★クラブ発表 ☆音楽集会（6年生を送る会に向けて）
3	（マラソン集会）	★6年生を送る会 ●運営委員会

学校行事でも，クラブ・委員会活動でも，何かにつけて伝え合うことを大切にしてきた。学校全体が同じ方向を向き，子どもたちがどこへ行っても何をやっても同じスタンスであったことが，学校の空気を変えるスピードを早めたのだろう。

2．校内掲示板──「書く」ことで伝え合う

季節や学校行事などを反映させ，毎月テーマを変えて職員室前に設置した。通りすがりに，ことばを書いている子ども，貼られたことばを読んでいる子どもの姿が見られた（表4-4，図4-11）。

表4-4　校内掲示板に掲げた2016年度のテーマ

4月	入学おめでとう	11月	お気に入りの本を教えてね
5月	ガッツの木	12月	言葉のプレゼント
6月	梅雨といえば…?	1月	かるたをつくろう
7月	さんずいの言葉を集めよう	2月	ことばあそびをしよう
9月	次は生南オリンピック	3月	6年生にありがとう!
10月	君の名は?		新1年生へ

図4-11　校内掲示板に貼られた「ことば」の掲示

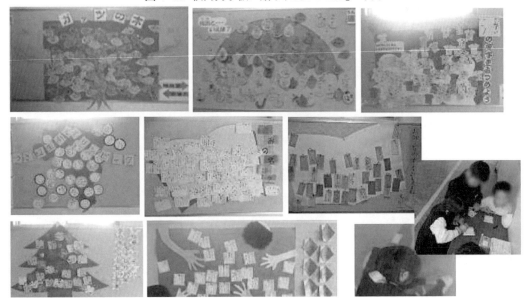

3．いくなん放送局──よい「聞き手」を育てる

放送委員会の子どもを中心に，友達や先生に取材をしたことを伝えたり，学年や他の委員会からのタイムリーなお知らせをしたりする場として設けた。発表にあたっている子ど

もは少し緊張ぎみに食事を済ませ，放送を終えるとほっとした面持ちで帰ってくる。友達の話を意識して「聴く」よい機会ともなった。週3回を予定し，（月）読み聞かせ，（水）ラジオ局，（金）ゲストによる発表とした（表4-5）。

表4-5 「いくなん放送局」で実施した放送（2016年度）

月	放送委員会	各委員会	学年・その他
4月	・読み聞かせ ・新しい先生の紹介	〈運営〉〈集会〉〈健康給食〉 〈栽培〉〈運動美化〉 自己紹介	5・6年：遠足レポート 3・4年：遠足レポート
5月	・楽しい英会話教室 ・サラム週間にちなんだ｢韓国・朝鮮クイズ｣	〈図書〉自己紹介（韓国・朝鮮の本紹介） 〈運営〉学校のきまりクイズ	1・2年：遠足レポート 民族クラブ自己紹介 3年：社会見学レポート
6月	・楽しい英会話教室 ・プール水泳がんばる宣言紹介 ・先生クイズ ・楽しい英会話教室	〈健康給食〉はみがき俳句 〈運動美化〉体力テストがんばりマン紹介 〈運営〉あいさつ身だしなみ週間結果	生南子どもまつりのお店コマーシャル（8班）
7月	・林間直前レポート ・楽しい英会話教室	〈栽培〉草ぬき大会と収穫のお知らせ 〈集会〉平和集会に向けて	
9月	・運動会がんばる宣言紹介 ・楽しい英会話教室	〈図書〉新刊図書の紹介	応援団の運動会ニュース
10月	・全校遠足楽しかったこと紹介 ・修学旅行レポート	〈図書〉読書週間の様子 〈集会〉2学期の集会内容の紹介	希望者：読書感想文紹介 （2週にわたって） セットンチュクチェ*感想発表
11月	・楽しい英会話教室 ・リクエスト週間 ・秋の俳句紹介（ボックス）	〈図書〉読書クイズ 	各学年：学習発表会見どころ紹介（中⇒低⇒高） ソンセンニム**のハングル教室
12月	・楽しい英会話教室 ・クリスマスソング ・クリスマスに欲しいもの紹介	〈運営〉あいさつ週間結果発表	2016年がんばったこと 民族発表会の感想
1月	・楽しい英会話教室 ・冬に食べるとおいしい食べ物紹介	〈集会〉3学期の集会予定 〈図書〉心に残った本の紹介	希望者：2017年の決意 6年：キッザニアレポート
2月	・楽しい英会話教室 ・リクエスト週間	〈運動美化〉マラソンがんばりマン紹介 〈健康給食〉幼保交流について 〈運営〉あいさつ・身だしなみ週間結果発表	5年：コリアタウンレポート
3月	・6年生クイズ（24人分）		・6年生から在校生へ

*古くから朝鮮半島に伝わる文化にふれる学校行事。
**大阪市では国際クラブ（旧民族学級）の先生のことをこのようによんでいる。

第2節　他教科における「伝え合う力」の育成

1 他教科の授業紹介

　国語科を核として，子どもが身につけてきた「伝え合う力」が，他の教科でどのように活かされているのかを検証した。2014年からの3年間で表4-6のような7教科5領域の授業が実施された。

表4-6　国語科の「伝え合う力」を生かした他教科の授業（2014年〜2016年）

教科	学年・単元	伝え合いの場（本時）	内容
社会科	6年「源平合戦を調べよう」	源平合戦における6つの戦いについて，グループごとに調べ学習をする。**戦法や勝敗，エピソード**など，資料をもとに各班が調べたことを全体の場で伝え合う。	貴族から武士への時代の移り変わりのなかで，武士が必要とされた時代背景や武士が勢力を強めていく経緯を学習していく。
算数科	4年「広さを調べよう」	**複合図形の求積方法を考え，ジグソー法で友達と考えを伝え合う。**既習の公式を用い，工夫して面積を求めることで理解を深める。	1cm²という普遍単位による測定で長方形と正方形の公式を導き，それらをもとにさまざまな図形の面積を求めていく。
理科	4年「ものの温度と体積」	目に見えない空気の体積の変化の仕方を，図や言葉を用いて表現し，友達と意見交流し，理解を深める。	実験を通し，空気・水・金属の体積が温度によって変化するという性質をとらえさせる。
音楽科	4年「ケチャをつくろう」	リズムごとに色分けしたカードを組み合わせて，グループで演奏表をつくる。自分たちが納得できるように話し合いを重ねる。	バリの「ケチャ」にならい，4つのリズムを組み合わせてケチャをつくる。拍の流れに乗って，声の重なりの面白さを味わわせる。

図画工作科	4年「秘密基地をつくろう」 	**デザイン，作業計画，役割分担**など，秘密基地を作り上げていく過程で一つ一つ班の友達と話し合い，確認し合いながら学習を進めていく。	図工室の机を基盤とし，ダンボールやイス，大型プリンターの巻き芯等を材料とした本格的な秘密基地を，班で協力して作る。
家庭科	5年「かたづけよう身のまわりのもの」 	**散らかった衣類の整理・整とんの仕方**について，どのようにすれば使いやすくすっきりと片づけることができるのか，班ごとに相談しながら工夫する。	気持ちよく生活するために，身の回りのものを工夫して整理・整とんする技能を身につける。実際に衣類を用いて，たたみ方や整理の仕方の技能も身につける。
体育科	6年「跳び箱運動」 	安定した台上前転から**ダイナミックな台上前転**にするために，映像や指導者の手本と比べながら友達の動きを確認し，良い点や改善点を伝え合う。	さまざまな跳び箱運動にチャレンジし，タブレットを用いて動きを確認する。班で話し合ってお互いの改善点を見つけ，向上の手立てとする。
体育科保健領域	5年「心の健康」 	提示した動画の主人公が出合うさまざまな**トラブル**にどう対処するのかを，班ごとに話し合い，その結果を全体交流する。発問でゆさぶり，考えを練り合えるように工夫する。	心と体は互いに深く影響し合っていることを理解し，自分に合ったストレスや悩みの解決方法を体験する。また，自分一人では解決できないような場合の対処法も学ぶ。
総合的な学習の時間①	5年「すごいぞ生南米!」 	生南お米フェスタを行い，グループごとにコーナーを設けて学んだことを発表する。班ごとにテーマを変え，伝え合うことで理解を広げる。	機械を使わず自分たちの力で田植えから精米までを体験する。農作業だけではないさまざまな活動を通し，お米のすばらしさを学んでいく。
総合的な学習の時間②	5年「みえない障害」 	「視野が狭い」という障害がどのようなものかを体験を通し，理解する。また，サポートする側にも立ち，どのような声かけや手助けが適しているのかを話し合う。	「障害」や「障害者」という概念を再度確認し，相手にわかる場合と気づかない場合があることを理解する。とくに後者については体験活動を通して理解を深める。

外国語 (英語)科	5年「I like apples.」 	チャンツを取り入れながら，表現方法に慣れ親しませ，相づちやジェスチャーを大切にし，英会話を通して友達の好きなものや嫌いなものを知る。	好きなものについて尋ねたり答えたりしながら，コミュニケーションを図る。 Do you like 〜? I like 〜. I don't like 〜.
特別支援	なかよし学級「お話をつくろう」 	短冊に書かれた接続詞を指導者と話しながら選び，子どもそれぞれがつくった**お話**を発表し合う。	「いつ・どこで」や接続詞や助詞などの作文の基本的なルールを身につけさせながら，テーマに沿ったお話づくりをしていく。
学校 図書館	5年「ブックトークをしよう」 	しっかりと読み深めた**本の紹介方法**や，**順番**，前後の本とつなげる方法などを話し合う。また，シナリオが完成したら，聞き手にきちんと伝わることを意識し，協力しながら練習をする。	テーマごとに集まり，数冊の本をさまざまな手法で紹介する。シナリオをつくるようなイメージで本と本をつなぐ言葉や紹介の仕方をバリエーション豊かにするように支援する。

　国語科同様，社会科・算数科・理科などの教科においても，充実した資料やICTの活用，具体物などの工夫により，子どもたちの話し合いが活性化される様子が見られた。教科ごとにある基本的な指導段階のなかに，しっかりとした言語活動を設けたことで，より主体的な問題解決学習となった。また当時，他校でもよく実践されていた話し合い形態の工夫や，タブレットの活用にもチャレンジでき，本校における子どもたちの反応を見ることができた。10年前はまだ定着しきれていなかった外国語（英語）科についても同様である。生活指導と文章読解で手一杯になっていた研究は，他教科の実践において「伝え合い」活動を軸にしたことで，子どもたちは国語科とは違うさまざまな表情を見せ，授業に対する我々の視野も広がり，風通しがよくなっていくようであった。

　実技・芸術系の教科では，さらに躍動した授業が続く。授業者の専門性の高さが全面に出た音楽科（後藤裕美教諭）では，A案とB案に分かれた議論から，素晴らしいC案を見いだせた話し合いもあった。家庭科（礒谷容子教諭）では，だらしない日常を解決する過程を言語化する新鮮さから，嫌いだった片付けを好きになってしまう「ことばの力」を知った。図工科（宍戸誠一郎教諭）の授業は，子どもたちにとってワンダーランドだっただろう。図工室を貸し切り，頑丈な机を基盤に基礎工事から始め，そこから夢の家を作る。そんな時間に教員の指示は必要なく，不思議ときまりは守るのだ。学習の場を畑とし，地域の専

門家に学んだことを，参観者に向けてコーナーごとに発表した米作りの授業のコンセプトは，一貫して自然の恵みへの「感謝」であった。

　確固たる常識の上に，ダイナミックな場の設定や魅力的な教材があれば，子どもたちは勝手に話し合い，それは途切れることなく練り合いへと発展し，アイデアが生まれる。ベテラン教員の，授業づくりに対するプライドを見せていただいた。

　そんなクリエイティブな話し合いが随所で見られたのが，ブックトークの授業であった。テーマごとに集まったメンバーと10冊近くある本から4，5冊に絞り，さらに，それぞれの紹介の仕方と，つなげ方を考える。台本づくりから発表にいたるまで，読んで書いて話し合い続けた集中力は，キャリーバッグを引いて図書館へ行き，手にとって本を探し続けた礒谷教諭の情熱に由来する。

　さらに，積み重ねてきた「伝え合う力」は，アタッチメントに関わる課題や発達課題という，非常に身近でデリケートな内容を授業にすることも可能にした。2016年に実施した保健領域と障害者理解に関する授業は，ストレスや心の傷に向き合い，自己の特性を照らし合わせる，後の「『生きる』教育」の発展に大きく影響するものとなる。内容も展開も，その初めの一歩となった授業がこの2つであった。

　授業がもつ可能性に賭けたことで，そのレベルは毎回大幅に高くなっていった。子どもの変容がまたさらに，授業者を本気にさせるのだ。言語活動うんぬんよりも，「教師たる者，老いも若きも授業で勝負する」──そういった気運により職員が同じ方向へと向かうようになったことが，何よりも大きな成果だった。

② 「授業」がもつ可能性 ── 伝えにくいことを伝えるために

　この章の最後に，2016年7月に5年生で実施された「見えない『しょうがい』ってなんだろう」という，障害者理解の視点でつくられた授業を紹介したい。企画から授業までを担われた中島裕子教諭は，日々の特別支援学級におけるきめ細かい指導だけではなく，在籍する子どもが，集団とうまく関わるにはどうすればよいか，いつも苦心されていた。

1. Fさんのこと

　自閉傾向にあるFさんは，低学年の頃からトラブルが多く，中学年になっても同年代との関係を築きにくいことから，低学年とばかり遊ぼうとする傾向にあった。4年生では集団づくりの過程に，F

図4-12　保護者を招き話を聞く

さんの障害への理解は必要不可欠と考え，保護者をお招きして詳しく話をしていただいた。

　会話が苦手で相手の気持ちを察したり，表情を読んだりすることができないこと。記憶力はいいが，それが時間軸でつながっていないこと。予定がわかると安心することなどを，おうちでの具体的な習慣をもとに教えていただいた。まさに，まわりに理解されにくい，見えない「しょうがい」なのである。

2. 見えない「しょうがい」とは？

中島教諭は，「障害」「障害者」という言葉を理解させるために，いろいろな高さのハードルの掲示物を用い，「障害者」＝「できない人・かわいそうな人」というよりも，その人の前にある「障害物」のためにゴールまでたどり着きにくい人というイメージをもたせるようにした（図4-13）。

「目に見えない障害」の内容は，「人と関わるのが苦手」や「想像するのが苦手」

図4-13 障害への理解を深める

というような，特別支援学級に在籍する子どもに当てはまる内容から，「整理整頓が苦手」や「考えずに行動してしまう」というような，自分にも当てはまるのではないかという内容も取り入れた。そうすることで，内容に共感をもちつつ，自分ではどうしようもなくて困っている人がいることが理解できていた。

【「目に見えない障害」の内容】

・人と関わるのが苦手	・距離をつかむのが苦手
・こだわりがある	・形を理解するのが苦手
・変わった行動をする	・じっとしていられない
・想像するのが苦手	・計算（書く・読む）だけが苦手
・不器用さがある	・考えずに行動してしまう
・見え方が違う	・整理整頓が苦手

③ サポートについて考える

　ペットボトル眼鏡を用い，友達の全身を見ること，目的地まで進むこと，探し物を見つ

けること，文字を写すことなど，見え方
の違いを体験する（図4-14）。その際の
サポートを班の他のメンバーで試行錯誤
するなかで，どんなサポートがよいのか
は本人に聞くことが大切だと気づく（図
4-15）。「してあげる」感覚にならない
よう，対等な立場での接し方が大切なの
だと伝えた。

図4-14　見え方の違いを体験する

　このように，今ある学級の課題を解決
するために授業をつくるという発想が，
このあたりから芽生えはじめた。この後
の夏休みに1・3・5年生の「『生きる』教育」ができる。知らないからこそ起こっている
問題に，知識習得だけではなく，体験活動や話し合いを設定することで，子どもたちの価
値観が変わり，行動が変わる。Fさんの特性から，日常生活に困ってはいないだろうと勝
手に判断していた，と誤解していたことを反省した子どももいた。Fさんが授業のなかで
自分の意見を言葉にすることはなかったが，安心しきった表情に，筆者も反省した。同時に，
「伝え合うこと」そして「授業」がもたらす可能性を確信した。

図4-15　「見えやすいように」とプレートを掲げ友達をサポートする子どもたち

第 5 章

子どもたちに夢を与える演劇指導
── つらかった「過去」を吹き飛ばす「今」を ──

小野太恵子

演劇「ザ・グレイテスト・
ショーマン」でポーズを決める
ユニークたち

演劇「ライオンキング」で
動物になり切る子どもたち

　心傷ついた子どもたちにとって，トラウマを乗り越えるのに重要となるのは，心の「安全基地」，すなわち温かい友達とのつながりや楽しい思い出だ。生野南小学校では，子どもたちにとっての「安全基地」を保障するため，さまざまな行事も力を入れて取り組まれてきた。

　本章では，その一つ，演劇指導に小野太恵子教諭がどのように取り組んだかについて解説する。まず，2016年度の演劇「ライオンキング」における場面設定，配役決め，衣装づくり，ダンスの練習の様子を説明する。また，2021年度，子どもたちが工夫を凝らしつつ生野南小学校のラスト公演「ザ・グレイテスト・ショーマン」に臨んだ様子を紹介しよう。

第1節 なぜ演劇指導なのか
── 心動かされた劇団四季「ライオンキング」

　2015年，筆者（小野）は初めて劇団四季の「ライオンキング」を観劇し，魂を揺さぶられた。演者の迫真の演技や，ハイエナやメスライオンのダイナミックなダンスはさることながら，どこから見ても動物としか思えない計算しつくされた衣装や動き，草やサボテンまでもが踊り出す演出。動物のシルエットを切り抜いた繊細な影絵やヌーの大群を表現する壮大な仕掛けなど，どこを切り取っても浮かんでくるのは「プロフェッショナル」の一言だった。

　そしてあろうことか，即座に思いついたのは，この一流の技をもってすれば，子どもたちの心の霧を吹き飛ばし，無我夢中な「今」を輝かせることができるのではないか，ということであった。

　2016年度，5年生の担任として，演劇指導の初心者が，とんでもない挑戦を始めてしまった。技術も知恵も皆無だったからこそ，恐れ多くも，劇団四季の，あの景色を段ボールと画用紙，そしてわずかなダンスの技術で，純粋になぞっていった。そして，舞台をつくり上げるということは，「図工科」「音楽科」「体育科」などの教科を横断し，子どもたちの得手不得手のすべてが輝く場を保障できるということ，また日常に醸成された規範意識が自主性へと活かされ（もしくは育ち），魅力的で高い目標は子どもたちを同じ方向に向かせ，高学年にできがちな小集団の壁をぶち壊す威力があるということに気づかされた。

　以来，集団を大きく成長させるこの演劇指導にすっかり魅了され，2017年度「天使にラブソングを」，2019年度「レッドクリフ」，2020年度「アラジン」，2021年度「ザ・グレイテスト・ショーマン」など，筆者自身が心揺さぶられる作品に出会っては台本化し，1シーン1シーンを子どもたちと一緒に，おそらくだれよりも無我夢中でつくってきた。

　人前に立つことに怯えていた子どもが，暗転の舞台袖で早着替えをし，スポットライト輝く舞台に飛び出し，これまでの練習と仲間を信じ駆け回る，あの真剣な眼差し。フィナーレで緞帳が下りる瞬間の，大汗を拭き，友達と肩を組みながら拍手にはにかむあの笑顔。子どもたちに夢を与えられるプロフェッショナルでいるために，技術には謙虚でありたい。

1 台本づくりにおける場面設定 ──「ライオンキング」より

　本来であれば約3時間で構成されたストーリーを，25分間で収めるには，外せない音楽とダンスを厳選し，8場面に分ける。そうすると，ストーリーが途切れがちになるので，そこを役者のセリフ回しでつなげていくようにした。

　名前のある役をしたい場合はオーディションをする。セリフのない子どもには，物足り

なくならないように一人何役もこなす設定とし，何重にも衣装を重ねて着用し，懸命に早着替えをさせる。練習後半になっても間に合わない子どももいて，成功するかしないかわからない──，台本づくりでは，そんな緊張感を子どもたちに与え，助け合わなければ成り立たない環境に追い込み，チームワークを育てることを一番大切に考えている。

〈第1場面〉サークル・オブ・ザ・ライフ

「ンナー！　ツィゴンニャー！　マバクィーツィババー！」という力強い歌声を合図に，暗闇のなか，ラフィキにピンスポットが当たる。緞帳がゆっくりと上がっていくなか，舞台上ではチーターが堂々と歩き，トムソンガゼルが飛び跳ね，レイヨウや鳥がくるくる舞い踊る。観客席の両サイドからは，膝を高く上げて走ってくるシマウマ，ノソノソとこちらへ向かってくるサイ，ひな壇の段差を使ってゆっくりと移動するキリン，そして，4人がかりで成り立つ大きなゾウが舞台に向かって歩いてくる。バラバラに

力強い歌声が響く

動いていた動物たちは，音調が変わるのを合図に整列し，ムファサ王と，誕生したばかりのシンバを抱くサラビ王妃にお祝いの意味を込めてひれ伏す。曲のクライマックスでは，どの動物役の子どもも背中を反り返らせて喜ぶ様子を表現させる。

ここで，1場面の終了とするときりがいいのだが，せっかく作った動物たちをしっかり見せたかったのと，「早く王様になりたい」という楽曲を歌いたかったので，動物の横姿を見せながらステップだけを踏み，合唱を取り入れた。

シンバの誕生を祝う

〈第2場面〉スカーのムファサ暗殺計画からハイエナダンスへ

ここでの目玉は，ハイエナダンスだ。スカーとハイエナの悪だくみを考えるやりとりから，すぐにハイエナダンスが始まる。悪役が繰り広げるこのダンスは，本作品において一番難しく，だからこそハートフルなストーリーに，絶妙なスパ

難度の高いハイエナダンス

イスをもたらしてくれている。猛練習の内容については後で述べる。

〈第3場面〉ヌーの大暴走

　ここでは，劇団四季で観た迫力あるヌーの大群を，大きな手持ちのお面と重心を下に置いたダンスで表現したかった。また，遠近感を表すために，シンバ（子ども時代）を舞台正面前方で絶叫させ，追いかけられて必死で逃げている様子を表現させた。子どもシンバは，スカーにだまされ父親を殺した罪を背負い，プライドランドを去ることになる。ムファサが登場するシーンやヌーがなだれ込むシーン，子どもシンバが去るシーンなど，ここでは舞台だけではなく，客席中央の通路を存分に使う演出をした。

〈第4場面〉ジャングルでの生活

　ジャングルでイボイノシシのプンバァと，ミーアキャットのティモンに出会う。この場面では，草ダンスに合わせた名曲「ハクナマタタ」の合唱がメインである。ひょうきんなティモンとプンバァを表現するため，2人の動きに合わせ，草も一緒にリアクションするなどし，観客からしたら草が主役として印象に残るようにした。

ティモンとプンバァのシーン

〈第5場面〉メスライオンの狩りのダンスからナラとシンバの再会シーンへ

　狩りをしているメスライオンの様子をダンスで表現する。その途中，シンバが通りかかりナラと再会する。久しぶりに会えた喜びと，シンバに戻ってきてほしいナラのもどかしさから口論となる。ダンスは続き，トムソンガゼルを2，3人で抱えて持ち上げ，とらえる様子をクライマックスとする。

狩りをするメスライオンとシンバの再会

〈第6場面〉悩むシンバと夜空にいる父との対話，プライドランドに帰る決意

　葛藤するシンバに贈られた亡き父からのメッセージ。父ムファサの立ち位置を客席の中央に置く。ここだけはマイクを使い，BGMの音量を上げていく。

　帰る決意をしたシンバを応援するようなアフリカらしい振り付けの，カラフルなダンスナンバーを全員で踊る。

メッセージの読み上げと全員によるダンス

〈第7場面〉スカーとシンバの対決

この場面は全員出演の劇一番の山場である。2人ペアで組み，ハイエナ側とライオン側の攻防を，声とダンスで表現する。追い込まれたス

ハイエナ側とライオン側の戦い

カーは，命乞いをし，シンバに追放される。ここでも客席フロアを使い，会場の中心に当てられたスポットのなか，スカーは仲間のハイエナたちにやられ，絶叫のなか，命尽きる。

〈第8場面〉よみがえるプライドランド

厳かなBGMがかかるなかゆっくりと舞台の照明が灯る。ラフィキの導きによって，ゆっくりとプライドロックへ向かうシンバ。「ウォーーーー！！！」という渾身の雄叫びを合図に，動物たちが飛び出して舞い踊り，喜びに沸き立つプライドランドを，最後の力を振り絞って表現する。

渾身の雄叫びが響く

拍手喝采の後，全員が舞台に整列する。緞帳が下がっていくなか，お面をとった後の汗びっしょりになった髪の毛で，肩で息をする子どもたちは，自然と友達と肩を組み客席に手をふる。「やりきった」という素晴らしい笑顔で。

② 配役決めと衣装づくり

「劇やるよ！」と言ったその日から，やはり主役になりたい子どもは多くいる。そこで必ず大切にしていることは，結果ではなく過程だ。台本のなかからセリフを3つ選び，抑揚やジェスチャーなどは自分で想像させる。1週間ほど時間を与え，みんなの前でオーディションをする。応援団（第2章参照）でも述べたが，ここでもやはり，勝っても負けても，相手の健闘を称えられるくらいの，個々人の精一杯を求めたい。学年をひとつの劇団としてつくり上げていくには，特定の何人がスターになるための演劇ではなく，その他大勢の子どもたちが，ストーリーを引っ張る役者メンバーを誇りに思えるよう仕向けたい。その心構えを演者に根づかせることが必要だ。

ライオンキングでは，動物，ヌー，ハイエナ，狩りメスライオン，アフリカ人，闘いライオン，草など，本当にたくさんの役柄があり，役決めの際は，子どもたちは本当に楽しそうにしている。仲良しな子と一緒にしたいという思いは捨て，四季劇場で買ってきた冊子のすべてをカラー印刷したものを見ながら「これ！」と思う役に立候補する。

その時点で，子どもたちはもう，衣装づくりに前のめりになっている。とくに，動物づくりの際に大切にしていたことは，こちらからあまり指導しないことだ。段ボールや画用

劇で用いた小道具や衣装
①色とりどりの草（頭に乗せる）
②キリン
③ハイエナ
④ゾウは2人で動かす
⑤舞い踊る鳥

　紙やボンド，針金などを用意しさえすれば，同じ動物同士で写真とにらめっこしながら真剣に話し合い，クリエイトしていく。これが，ライオンキングをする際の大きなねらいだ。
　普段は，オシャレにこだわりがある女の子なのに，キリンになるため恥ずかしさを忘れ，筒の一部を顔の形にくり抜き合って爆笑の渦になる。トムソンガゼルのお面をかぶったまま，仲良く並んで腕用のトムソンをつくる。舞い踊るための鳥をペットボトルを用いて天才的なクオリティで仕上げる。チーターの足を作るために，拡大印刷用紙の芯を，同じチーター仲間に押さえてもらいながら汗をかきながらのこぎりでカットする。レイヨウのくるくる角を固定するために，ソフトボールチームのいらなくなったヘルメットを借りてきた子もいる。女子の鳥役は帽子を華やかにするために，切り絵調にしていく。また，ゾウやサイやシマウマなど，段ボールをダイナミックにカットして創造していく作業は，思春期に入った子どもにとっても本当に楽しいらしい。とくに男子は休み時間の寸暇を惜しんでのこぎりを動かしていたり，たった1人になっても放課後ずっとゾウの衣装づくりに向き合う子どもの姿があったりした。一方絵画が好きな女子たちは，画用紙12枚×15枚を貼り合わせたものに，めいっぱい絵を描けることを喜びとし，図工が大好きな子同士，心ゆくまで楽しんでいた。
　いつもはわざわざ一緒には遊ばない，タイプの違う友達と，男女問わずアイデアをぶつけ合う。まだ練習も始まっていないのに，新しい友情があちらこちらで芽生えることが本当にうれしい，そんな時間だ。
　2020年度に取り組んだ「アラジン」の道具づくりでは，勝手に管理作業員さんにお願いしにいき，アグラバー市場の立派な屋台を作ってしまった子もいた。普段は目立たない女子2人のたくましい社会性に苦笑しつつ，お詫びとお礼に上がったことを覚えている。魅力的な目標と，友情と材料がそろえば，大人の硬い頭では到底想像できないような発想を

存分に発揮してくれる。そんな瞬間を多く見せてもらい，子どものみずみずしい感性を引き出すのは，やはり大人の責任だとも思った。

③ ダンスの構成と指導

1シーン1シーンを彩るのに外せないのが，ダンスのクオリティだ。しかし，限られた時間のなかで練習しなければならず，得意不得意もある。演劇大会で優勝をめざすわけではないので，楽しくやってほしい。そんな思いから思いついたのが，ABCと難易度を分け，子どもに選ばせることだった。

劇団四季の劇中の様子などは当然動画で流れているわけもなく，2016年は東京公演に何度か通い，それぞれのダンスの印象を幕間の時間に棒人間状のイラストにして描きおこした。

〈A〉ハイエナダンス

これは本当に難しい。しかし，これがないとライオンキングではない。たまたま別の人がアップしていたダンス動画をたよりに，8カウントずつ区切って振り付けを分解し，これまた棒人間状に描きおこし，鏡を前に体現して確認していく。それができないくらい難しい振り付けは，雰囲気だけでも出せるような別の振り付けを探す。この部分だけは自分の発想力に頼らなければならず，悩むことが多い。運動会の時期も演劇指導の時期も，つねにYouTubeで面白い振りつけを探すのが習慣になった。

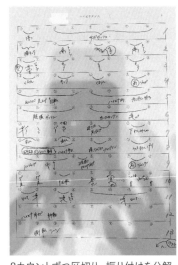

8カウントずつ区切り，振り付けを分解

練習初日は，まずYouTubeを見せる。「絶対できひん！！」と口々に叫ぶが，表情は，そのかっこよさに憧れ，何とかものにしたいといった様子だ。側転をする時間を除けば約15カウントの振り付けを，1つ1つ，まずはゆっくりとした動きで体にたたき込んでいく。体を動かすことが好きな子どもが集まってはくるものの，踊りながら何度も「むずい！！！」と吠える。でも，1人，また1人とできてくると自然に教え合うようになり，休み時間，廊下で個人レッスンをしていることもある。

だいたいの振り付けを覚え，スピードとキレ味を出していく段階では，朝練を自分たちでできるようになる。ダンスリー

全力ハイエナダンス

ダーを決め，お互いに見合い，注意し合いながら練習を重ねる。レベルの高いダンスの成功のカギは，この自主性が発生するかどうかだと思う。出合った瞬間「無理！ でもかっこいい！」といかに思わせるか，そして，的確で厳しく，面白い指導をできるかどうかではないだろうか。

　いよいよ本番が近づくにつれて，普段はほとんど取り入れない「連帯責任」を導入する。1人でもずれたらもう1度，ジャンプが2，3人ずれたら全員で10回のジャンプ練習などだ。失敗した子どもを攻撃することなく，でも，成功の意味を教えるために，友達の失敗は自分たちの失敗と思えるくらいにまでなってほしい。教えられたことを思い出し，出番の直前に円陣を組み，ジャンプやもも上げなどのウォーミングアップを自分たちでしていたら，成功だと考える。

〈B〉ヌーのダンス

　ヌーの大群に追いかけられている様子を思い起こすような，遠近感を再現するには，どっしりと重心を低く置き，スピード感があるダンスが必要だと，これは完全オリジナルで考えた。早いリズムに合わせ，高速スクワットのような動きをベースに，膝を高く上げ下げしたり，上半身を左右に大きく振れさせたりするなど，どの子も体幹

声を掛け合い，高め合う

がブレにブレまくる内容だ。ついていけず，倒れ込む仲間もいるなかで，次第に自分たちで声を掛け合った練習が始まる。

　「全部は無理やから1，2カウントだけ5人ずつ完璧にやろう」「どんまい！」など，これがきっと楽しいのだろう。とはいえ，Bクラスの難度にはしておかねばならず，集団としてのチャレンジ精神が必要になってくるところをどこに置くか，そのさじ加減はしっかりと考える。1，2カ月たつと，ヌー役の子どもたちも体幹は見事に鍛えられている。そんなヌーたちが客席に大接近するのだから，低学年から「ギャー！」と聞こえてくることもあった。

〈C〉草のダンス

　日頃から体育が苦手だったり，ダンスは上手にできなかったりする子どもたちが選ぶ。ここでは，「歌と笑いとかぶり物で勝負する」と伝える。ジャングルで倒れているシンバを見つけ，「たたたたたたいへんだ！　ライオンが倒れているぜ！」の一声で横に寝転んでスタンバイ

運動の苦手な子どもたちも輝く

していた草たちが勢いよく起き上がる。きちんとボケるために，この起き上がる練習を何度したことだろう。

ダンスでは，頭についている，苦労してつくった草を前後左右へといかに揺らすかが大切だと伝えた。「あ〜ああ〜」のハミングの際にはあくびをしながら寝転び，片足を上下させ，最後にはびよーんと伸ばすように仕向けた。アップテンポでリズミカルな振り付けではなく，1つ1つの動きにメッセージ性を加え，きっちりとやり切ることで個性を見いだしていった。ダンスが嫌いだった子が，移動教室の際，歌い踊りながら歩いていたら，きっと成功といえるだろう。

　また，この草に関しては舞台上をさみしくさせないように，たびたび登場させるようにした。シンバが決意したときは何度もうなずきながら草を揺らし，葛藤を抱えているときはBGMに合わせてゆらゆらと揺れるようにした。そうすると，草メンバーは非常に忙しくなり，スリル満点の早着替えが必要になる。このチームの「チャレンジ」は，ここに置くことにした。草の着替えを手伝うハイエナがいて，ヌーがいる。ABCのダンスの序列が子どものなかの格差にならないよう工夫した。

　ABCのダンスのほかに，余裕のある子どもはメスライオンのダンスにも参加させた。人間でありながらライオンにしか見えなかった劇団四季のダンスを懸命に思い出し，振り付けを考えた。途中曲調が変わる場面では，ゾウやサイ，シマウマなどの動物たちを再び登場させ，本当に狩りをしている様子を再現した。

〈全員ダンス〉

　ここでは，全員で取り組むダンスとしては，闘いのダンスとアフリカンダンスである。とくに闘いのダンスは，2人ペアでひとつのダンスが成り立つ。ハイエナ側がメスライオンに襲いかかるシーン，やり返すシーン，左右のパンチとアッパーをお互いにやり合うシーン，背中に飛び掛かりポカポカと

練習に取り組む目つきも真剣そのもの

頭をたたくシーン，下に這いつくばって攻防戦を魅せるシーン，それらすべてをダンスにした。当然ペアの息が合っていないとできない。踊りながら次の振り付けを教えたり，「せーの！」と掛け声をあげたりなど，ここでもまた，友情が芽生える。だから，ペアを決めるときは体格以外にもそのあたりも見通して組む。練習を重ね，クオリティが上がってくると，目つきや表情が立派な敵同士となり，アドリブを加える子どももでてくる。

　「仲良くなりなさい」「勉強しなさい」と教員が口で伝えることよりも，こちらが本気で用意した本物の教材を与えることの方が，いかに思考力と道徳心を育てるかということを，ここでもまざまざと気づかされる。

　これらのダンスを教えるにあたり，当然体は1つなので，子どもの待ち時間（ロスタイム）を無くす必要がある。自分が3人くらいほしい。そこで思いついたのが，自身の動画撮影

だ。すべてのダンスを8カウントずつ区切り，スローモーション で撮影する。講堂にモニターを2台置き，1チームを舞台 上で指導している間，残りの2チームはそこで練習させる。 だれ一人さぼる子どもはおらず，本当に効果的であった。

2016年度の秋に学習発表会で演じた内容を そのままに，2017年度の冬（2018年2月）に大 阪市立子ども文化センターで毎年開催されてい る演劇大会に参加させていただけるお声がけを

筆者のダンスを動画撮影し，練習の参考にさせる

いただいた。本格的な照明や音響のなか，なかなかない経験をさせていただいたうえに， 翌年には再演が決まった。筆者は6年の担任をしてはいなかったが，指導には入らせてい ただき，もう一度思い出をつくることができた。春にはナラ役の子，キリンや草を演じた子， 鳥やヌーを演じた子が児童養護施設から家庭に帰ることが決まっていた。それもあり，思 い入れはひとしおであった。最後に送った通信をここに載せる（資料5-1）。

資料5-1 ライオンキングの最後の公演を報告した通信

ライオンキング 2018
〜THE FINAL！〜

「もう一度する」と決まってから約3カ月。二回目だからこその難しさがありました。思春期真っただ中の多感な時期に入り、怒ったり泣いたり…家族や友だち、先生との関係に悩むことが多かったこの1年、一人一人が揺れ、そして集団が揺れました。練習をスタートした12月の時点で、去年のチームワークと集中力は明らかに無く、そこにうっすらとあったのは「1つになりたい」という気持ちだけでした。でも、本当に限られた時間の中で、たくさんの衣装や小道具を用意し、ダンスや歌を思い出し、そして新しい振り付けを覚える。切れそうになる集中力を誰かがカバーすることで90分を乗り切り、ゆっくりゆっくり…新しいライオンキングへと進化していきました。それでもリハーサルの段階で、まだ完成度は8割。不安を残したまま本番を迎え、直前に円陣を組んだ時、「残り2割は自分たちで作ろう！それが新しいライオンキングだ。」とみんなで確認し、舞台にあがりました。

　舞台にあがり、スポットを浴びた子どもたちの姿には「まいった」の一言です。色々あったからこそ…もう一度あんなに輝く姿を観られたこと、そして何があっても崩れなかった底力に感無量でした。全員が同じ方向を向き、役に「今の自分」をぶつけ、まさにそこには力強く生まれ変わった新しいライオンキングがありました。

　もくもくと小道具をつくってくださった江川先生、細かい作業をお手伝いいただいた橋本先生、大道具を作ってくださった近藤先生、ダンスのてこ入れをしてくださった辻田先生、歌の指導をしてくださった後藤先生、大量の衣装をひたすら縫ってくださった田中先生、トラックを手配してくださった教頭先生、そして、どんなときもそこに居て子どもたちのホームとしてあたたかく厳しく子どもたちを育ててくださっている菊井先生。1つの思い出をつくるために、一人を笑顔にするために、たくさんの先生方に支えていただきました。本当に感謝です。

> 　2月14日にクレオ大阪に一年ぶりに行ってきました。リハーサルでもやっぱり緊張しました！
> 　そして、2月17日…本番の日がきました。午後の部で5年生が最初でした。キレイな歌声、ダンスがすごかったです！最後は6年生でした。心臓バクバクだったけど、始まってからウキウキしてきました。終わってからは改めて「舞台に立ててよかった！楽しかった！」と思いました。幕が完全に降りるまで寝転がって手を振っている人はやっぱりいました（笑）去年、今年と衣装作りや発声練習、ダンスの練習などを手伝ってくれた先生、見に来てくれた先生、そして小野先生ありがとうございました！！
> 【インタビュー】
> 　■■（ラフィキ）「完璧やったと思うのでよかったです。」
> 　■■（ダンス責任者）「みんなが一つにまとまっていた」
> 　■■（シンバ）「みんなの心が一つになったので良かったと思います。」
> 　■■（ナラ）「ダンスが増えて難しくなったけど、やり終えてよかったです。」
> 　■■（スカー）「一回やったからめっちゃ簡単やで！」

　みんなでかいた汗、まぶしいスポットライト、成功率50％の早着替え、段ボールまみれになったこと、いただいた拍手。思い出が、これからの人生の心のよりどころとなり、安全基地になりますように。

　卒業式を楽しみにしています。ご支援ご協力・・・ありがとうございました！

第2節　生野南小学校ラスト公演 ──「ザ・グレイテスト・ショーマン」

　2021年度，コロナ禍真っただ中であったが，閉校記念公演として各学年舞台発表に取り組んだ。その前年に筆者は映画「THE GREATEST SHOWMAN」を観ており，壮大なスケールのサーカス団のパフォーマンスと歌，そして何よりそのコンセプトに圧巻された。生野南小学校最後の年は6年生を担任しており，本校でもついにラスト公演ということで，これまでの経験のすべてを投入してつくってみようと決意した。とにかくダンスの数が多く，すべて難しい。子どもたちが帰り，会議が終わったら講堂へ行き，ひたすらダンスの練習をしていた記憶がある。

　小人症，ブランコ乗りの黒人兄妹，髭をはやした女性シンガー，巨人のような大きな男，全身入れ墨の男，巨漢の男，アルビノの男，犬のような男。世間から偏見の目で見られてきた多くのメンバーの個性を引き出し，スターへと導くバーナム。このコンセプトが伝わるように，役者のキャラをはっきりと際立たせられるようにした。その年，コロナに罹患することが心配で，保護者が修学旅行不参加を決めた男子児童がいた。その子をバーナムに仕立て，彼のセリフを中心にストーリーが展開するように構成した。

1　台本づくりにおける舞台設定

　壮大なスケールのサーカスと，居酒屋などの日常場面とを，すべて音楽やダンスにのせていく。映画の名場面を繰り返し見て考えた。

〈第1場面〉ポンコツサーカス団

　名曲「グレイテストショー」に乗せ，暗闇のなかステッキを持ったバーナムにスポットが当たる。町の労働者をひな壇に乗せ，新聞を小道具にステップを踏ませる。徐々に幕が上がるにつれ，舞台上には反り上げた片足をフラフープで支え，軸足だけで回転している女子3人とヒップホップダンスを踊る2人の男子，ポートボール台の上で片足でポーズを決めて

バーナムを中心にポーズを決める

いる男子がいる。舞台下には，タイミングを合わせてクロスさせた側転をする4人組と，ライオンキングの後に保管しておいたシマウマやサイを走らせる子ども，一輪車をこぐ子どもがいる。そして，曲調に合わせて3度のポーズを決める。

肩倒立やブリッジ，倒立や段組みになった3人技などを盛り込み，全員でひとつのポーズをつくるようにした。ここも，2回目3回目のポーズへの時間が短いので，移動や持ち上げるのに高い集中力の協力が必要になる。一瞬全体に走る緊張感を，練習を重ねるごとに高めていくよう導いた。とはいえ，設定は売れないポンコツサーカス団である。ひな壇で別のポーズを演じていた町の労働者たちに，持っていた新聞を投げさせ，「へたくそ！」と罵ることでそれを表現した。

〈第2場面〉ひらめくバーナム

　バーナムとベネット記者との会話の最中に通りかかるヒゲをはやした歌姫レティ。「どいつもこいつもジロジロ見やがって！」というレティのセリフから，偏見に苦しむ存在を説明する。バーナムはその容姿に驚きつつも，ひらめいたバーナムはユニークな人を集め，面接をすることにした。

歌姫レティ登場

〈第3場面〉ユニークたちの面接とサーカス結成喜びのダンス

　ここは，面接と称した登場人物たちの自己紹介の場面となる。肌の色で存在さえも否定されてきたアンとウィーラーには演技で吹き飛ばせと鼓舞し，笑い者にされてきた小人症のチャールズにはひざまずく。230キロある体重の男にはむしろ350キロでいけと言い，病気じゃないと言い張るアルビノには最高の舞台を用意する約束をする。名前を名乗ろうとした大男には，「アイルランドの巨人」と

全員による喜びのダンス

芸名をつける。入れ墨も毛深さも，すべて肯定し，最高のサーカス団にする決意をする。ここでカラフルなダンサーたちが登場し，「カムアライブ」の曲に乗せ，カラフルでアップテンポなダンスを披露する。最初は嫌がっていたユニークたちもだんだん笑顔になっていく。

〈第4場面〉王室デビュー？　宮殿での対立

　ヴィクトリア女王から招待状が届いたことを聞き，ひな壇に座っていたユニークたちはどよめき立つ。まだ差別に怯えるメンバーたちは恐る恐る全員で行けるのかを確認する。大喜びをそれぞれのキャラクターに合わせて表現させる場面だ。

喜びをそれぞれのキャラクターに合わせて表現

　しかし，宮殿で美しい歌姫のジェニー・リンドに出会ったバーナムは，2人で全国ツアーにいくことを夢見てしまう。BGMに「ネバーイナフ」を用い，ワルツのリズムをつくり，2人ペア（同性）で優雅に踊らせ雰囲気を出した。そんなパーティーに加わろうとしたユ

ニークたちを見た宮殿ダンサーたちは驚いて舞台袖にはける。さらされた偏見へのくやしさと怒りを込めてレティは「勇気もある傷もある！　それが私たち！」と，叫ぶ。今いるメンバーに，早着替えをしたワルツメンバーが後から加わり，「ディスイズミー」を怒りの表情を保ちながら激しいステップで踊る。

〈第5場面〉残されたユニークたちと町の労働者との乱闘シーン

　いわゆる「本物」を追いかけてジェニー・リンドと行ってしまったバーナム。残されたユニークたちにまた，あの労働者たちが絡んでくる。BGMに合わせ，乱闘が始まる。ペアを組み，今回は子どものオリジナルとし，安全のためスペースの確保だけ指示した。

乱闘シーンの演出は子どもたちに任せた

　やる方，やられる方の演出は各ペアの話し合いで決まる。クライマックスで火が投げ入れられ，照明は赤になる。燃え上がるサーカス小屋に号泣するユニークたち。そんななか客席中央から帰国したバーナムが登場する。その勢いを伝えるため，火事を見に来た主婦たちも配置し，バーナムが走り去ったあと吹き飛ばされるよう演出した。全員，大泣きと絶叫でうなだれる様子を演じ暗転となる。

〈第6場面〉もう一度！

　すべてを失い，居酒屋で酔いつぶれるバーナムに，1人また1人と昔の仲間たちが声をかける。バーナムが裏切ったことも事実だが，ユニークたちがかつて，バーナムに救われたことが消えたわけではない。外見を偏見で観るのではなく，才能を見つ

バーナムとユニークたち全員で乾杯

けて輝かせ，居場所を提供したこと。その感謝をユニークたちが語る。ゆっくりと立ち直る様子を「フロムナウオン」の音楽に合わせ，表現する。ひな壇で，居酒屋の客としてビールを片手に談笑していたダンサーたちは，音調の変化に合わせ踊り出す。最後は「ウオー！！」と全員で乾杯をする演出で暗点となる。

〈第7場面〉フィナーレ

　舞台袖の友達から，投げられたステッキを受け取ったバーナムを囲むように舞台上とフロアのサイドから名曲「グレイテストショー」に合わせ，独特のステップを踏んだサーカス団が登場してくる。

　最後のこの曲は，ノーカットにし，8カウントのなかに最低4振りは入るような難度にした。途中，4人の子どもを前に出し，

サーカス団全員によるクライマックスのダンス

生野南小学校への感謝を語らせた。その後は，8カウント8振りの猛練習の末に獲得したクライマックスダンスだ。最後は冒頭のポーズをつくり，紙吹雪とともに終演となる。

学校への感謝とともに終演

② 作って踊って描いて，そして話し合って舞台をつくり上げる

「ダンサーたちは何でもいいから派手な衣装にしなさい」と言うと，布をねじったりギャザーや襟を作ったり，色とりどりのデザインで施されたショー用の衣装をあっという間に作っていた。自然と倒立組，ヒップホップ組，一輪車組，フラフープ組に分かれ，お揃い感を出しながら，絶妙な個性も織り込んでいた。

授業時間だけではなく，休み時間も裁縫道具を引っ張り出し，本当に楽しそうである。また，大きな役を担う友達の衣装まで一緒にデザインし，驚くような裁縫技術で一着を作ってしまう。子どもの「好き」がもたらす威力を目の当たりにした。

サーカスということで，背景もきらびやかにするよう指示した。絵が得意な子は下絵を描き，苦手な子は色を塗る。その間に呼ばれた子どもはダンスかセリフの特訓を受ける。あえて両方同時進行にするのは，手持ち無沙汰を無くすためだ。描きながら友達のがんばりも見つめている。

①②③衣装づくりに熱中する
④筆者自らダンスの練習の先頭に立つ

合計5種類のダンスをマスターするために，総合や学級活動の時間を使い，練習を重ねた。ひたすら振りを入れ込む時間もさることながら，子どもによるオリジナルダンスのパートも必ず設け，子ども同士で話し合う時間を確保するようにした。

コロナ禍のなかでの練習である。当然順番に出席停止となる子どもはいたのだが，そんなときは仲間同士，休み時間に個人レッスンが行われていた。苦手な子も，こちらで笑いに変えながら，できていなくても「好き」にはなってもらえるように工夫した。ラストの曲は，1曲踊り切ると1試合終えたような疲労感である。なかなか成功しなかった振りが，初めて8カウント内に収まった時は雄叫びがあがった。

第3節　思い出を心の安全基地に

　このような一見大がかりに見える演劇をするのに，一番必要なことは何かを聞かれることがある。即答するのは，日頃の授業の密度と規範意識の醸成だ。日々の授業で新しい知識を得る楽しさや，考えて生み出す充実感をきちんと学び，話し合う術をもつこと——文化的な取り組みへの土壌はここで培われていると感じる。練習中ほど，授業内容は手を抜かないように気を

劇の大道具を運ぶ子どもたち

つけている。また，教師のためにあるようなルールに縛られるのではなく，他を思いやることをベースとした規範意識を育てていると，それが自主性へとつながり，集団によるクリエイティブな時間が生じる。

　「自ら願って努力できる心を育てないと金メダルはとれない」——これは，木村校長の言葉である。与える教材（台本やダンスなど）の魅力に加え，知る喜びを思考力に変えられる授業と，温かい規範意識の素地があれば，金メダルに値する，思い出をつくることができるのではないだろうか。

　38度の熱があっても申し出ず踊り続け，保健室につれていかれながら「大丈夫やから！劇出るから！」と絶叫する子。遅刻や欠席をしがちだったのに，朝練のために毎日早く来るようになった子。それぞれが自分の役に愛着と責任をもち，ステージの一つ一つを成功させるために，無我夢中で練習するにつれ，バラバラだった心が一つになっていく，そんな見たことのない景色を目の当たりにした子どもたちは，我々教員が見たことのない表情を見せる。子どもたちを，そんな場所へつれていきたい——いつもその一心である。また，後輩には，技術一つで子どもたちはここまで輝くのだということを知ってほしい。

　いつか人生に立ち止まったとき，この思い出が，いつでも帰ることができる心の故郷のような灯の一つになることを願っている。

この笑顔の思い出が心の安全基地になる（ように）

「『生きる』教育」の実践づくり

小野太恵子

生野南小学校における最後の「『生きる』教育」の授業の様子（上は小野太恵子教諭，右は社会福祉士の辻由起子氏）

　「『生きる』教育」の実践づくりにおいては，さまざまな紆余曲折があった。なかでも親子関係や恋愛をテーマとする授業づくりは，子どもたちの心の琴線にふれる，センシティブなものである。

　ここでは，「家族」をテーマとした実践がなぜ生まれ，どのように展開したのか，その経緯を解説する。また，「『生きる』教育」が田島中学校へと広がるなかで，「リアルデートDV」をテーマとした授業が生まれたことを紹介する。最後に，子どもたち自身が「子どもの権利」を守る主体となることをめざした，生野南小学校における最後の「『生きる』授業」についてふれておきたい。

第1節　子どもたちのつぶやきから

　2015年度，筆者（小野）が4年生の担任をした際，前任校で実施していた，いわゆる「二分の一成人式」を，そのとおりには実施できないことに気がついた。保護者を招き，20歳の半分である10歳の門出を祝う式──それは，招くべき保護者と一緒に暮らしていない，生まれてからの写真すらほとんど残っていない子どもたちにとって，自分の生きる現実を突きつけられる残酷な場でしかない。これまで無知なまま華やかな式を実施してしまっていたことに気づかされたのである。

　4・5年生と2年間受け持ったなかで，施設から通う4人の子どもたちは，他の子どもたちよりも心を開くことに時間がかかった。とくに，家庭をまったく知らない子どもはいつも影を抱え，顔が曇っているようにも思えた。時間を重ね，徐々に関係ができた頃，その子はふと「なんでお母さんおらへんねやろ」とつぶやいた。当時，その子に母親がいない理由を詳しくは知らなかったので，答えに困った。しかし，他の子どもたちも自身の生い立ちを振り返るつぶやきをこぼすようになってきたことから，何らかの取り組みが必要だと考えるようになった。

　トラウマやアタッチメントについて何の知識のなかった時期ではあったものの，子どもたちが自己と向き合い，自己を語る場が必要なのではないかと考えた。この年に，試しにやってみたのが履歴書を書くことと一対一での「面接」である（本書序章10-11ページ，および本シリーズ第1巻第2章参照）。

　これが見事にヒットした。なぜなのかは今でもわからないのだが，一対一のきちんとした対話形式をとれば，子どもたちは本当に多くを語るのだ。決められた時間のなかでどんどん相手を変えつつ話し合いを進めるなかで，子どもたちは同じことでも何回も，あるいはよりわかりやすい形で，毎回，生き生きと「自己」を語るのである。

　「実は……」と，こちらがドキリとするような内容を語ることもある。そして，聞き手は決してからかったりしない。思い起こせば，この取り組みができるとふんだ背景には，すでに子ども同士にあたたかい関係が築けている学級集団への信頼があった。子どもがつぶやいてくれた胸のうちを教師が大人として受け止め適切な対応をすることはもとより当然のことだが，子どもたちが今，温かくつながっている友達に話し，受け止めてもらえたら，これ以上のエンパワメントはないのではないかと考えた。

　影のあった子どもについては，その後，その父親や施設と相談し，母親にまつわる話は二十歳になってから伝える，と伝えた。その後，その子どもはあからさまな赤ちゃん返りをし，「抱っこ」と言って毎日，甘えるようになった。さらに，もともともっていた思考力の高さを授業のなかで遠慮なく発揮できるようになった。皆で取り組んだ劇では，キリン

の首をくり抜いて顔を出し，笑いをとりながら，それでもかまわず役を貫いた。私には「生まれ変わった」，いや「生き返った」ようにしか見えなかった。

この翌年，私たちは，大阪ライフストーリー研究会代表の才村眞理先生をはじめ，実践を重ねてこられた方々に出会い，その理念を学ばせていただくことになる。

「ライフストーリーワーク（LSW）」とは，「子どもの日々の生活やさまざまな思いに光を当て，自分は自分であっていいということを確かめること，自分の生い立ちや家族との関係を整理し（空白を埋め，輪郭をつかむ），過去－現在－未来をつなぎ，前向きに生きていけるよう支援する取り組み」[1]である。子どもにとって，自分の過去から現在につながるストーリーがつながることが，どれだけの支えとなるのかを痛感している。

さらに，2016年夏の研修会で，臨床心理学において子ども虐待を研究する西澤哲先生（山梨県立大学）の講演を聞く機会を得た[2]。すでに生野南小学校で子どもたちの「荒れ」は収まっていたものの，トラウマやアタッチメント形成不全が，子どもたちにどのような影響を及ぼすかを解説してくださった西澤先生の講演は，「荒れ」という形で顕在化していた子どもたちの心のうちは，こうであったのか……と腑に落ちるものだった。

また，その1週間後には，虐待防止をめざしてシングルマザーなどへの支援に取り組む社会福祉士の辻由起子先生の講演を聞いた[3]。虐待を受けた若い女性たちが身を守るために家を出た後，温もりを求めて恋に落ちて子どもを授かるが，恋愛は長続きせず，子連れでも住まい付きで働ける職場として，夜の街で仕事を選ぶといった経緯を語る辻先生のお話は，今，子どもたちに必要な支援を提供しなければ，子どもたちがどのような困難に直面していくことになるのかという危機感を抱かせた。

「わたしたち，教師にもできることをしたい」と，講演後に辻先生に話しかけ，その後の連携の基盤ができたことで，「『生きる』教育」が本格的に始動することとなった。

第6章

「『生きる』教育」の実践づくり

135

第2節 「家族」をテーマとした初めての授業

1 親と子の関係を考える

「普通の人ができひんことを乗り越えてがんばってきたんやから，それを誇りにして生きていったらいい」──2017年度，「家族」をテーマとした授業を初めて行った際，ある男子児童が友達に贈った言葉だ。そのクラスのなかには，中学校進学と同時に措置解除という運びが決まっていた女子児童が3人いた。

筆者は，2015年からこのクラスを4年・5年と担任していた。ちょうど「『生きる』教育」が走りだした頃である。ライフストーリーワークの理念がもたらす大きな効果を感じたり，ある子どもの可愛らしいデートプランのつぶやき（噴水のあるカフェで待ち合わせてミルクティーを飲むというプラン。本シリーズ第1巻p.32参照）から，デートDVを学ぶための「おでかけプラン」のワークのヒントを得たりするなど，「『生きる』教育」の骨組みとなる，たくさんのことを教えてもらった学年であった。

措置解除が決まっていた彼女たちは，自己開示を経て，集団に自らをゆだね，学校生活を謳歌していた。しかし，3月になると，措置解除という決定事項について，「自分では決められない」と不安を語りだしていた。

おそらく，児童養護施設という守られた環境のなかにいた頃には味わわなかった苦労を経験するであろう彼女たちに何を伝えたいのか，朝が来るまで考えた。それは，まず，「心の傷も生きづらさも，あなたの責任ではない」ということだった。また，西澤先生の「人でできた傷は人で癒される」というこのメッセージだった。子どもたち自身もまだ気づいていないかもしれない心の傷に安全な環境のなかで向き合い，6年間，過ごしてきた友達から直接「がんばってこい！」と背中をたたいてもらえれば，それが何よりのエンパワメントになり，乗り越えていけるのではないかと考えたのだ。

2 日常をふりかえる

2018年，初めての「家族」の授業をつくりかけていた矢先に，3月2日に東京都目黒区，3月10日に大阪市北区で，立て続けに虐待死事件が起きた。先日，かわいい赤ちゃんを笑顔で抱きしめていた12歳の子どもたちは，この悲しいニュースをどのように受け止めたのだろうか。遠い世界の話のようでいて，日常の延長線上に起きた事件である。目の前の子どもたちにとっても決して無縁の話ではない。ここでは，親子とはいえ「人」と「人」，うまくいかないこともある──そのことを，子どもたちの日常から紐解いていくことにした。

12歳だからこそ，「親」と「子」の両方の立場に立って考えていくことを授業の柱とし，

保護者にも子育てに関するアンケートをお願いした。アンケートには，日ごろ「子の立場」「親の立場」で感じている本音の数々が寄せられた（表6-1）。

表6-1 「親」と「子」へのアンケートに寄せられた言葉

子どもの立場から	親の立場から
親や施設の先生に腹が立ったこと	親として心配なこと
・長子・真ん中・末っ子…の苦労。 ・喧嘩を止めたら邪魔者扱い。 ・ゲームをしていたら「今できていないこと調べ」が始まる。 ・信じてもらえなかった。 ・しようとしている時の「早くしろ」。 ・恥ずかしいことをみんなの前で話される。 ・夫婦喧嘩（大・小）。	・抱え込みすぎていないか。 ・叱った後，なかなか話ができないとき。 ・初めての子育てでは，他の子と同じことができなくて，不安になった。 ・とにかく，思春期・反抗期にどう接したらよいか。 ・コミュニケーション，学習面，友達関係すべて不安…他の子と比べるとみじめな気持ちになる。
けっこう厳しく叱られたこと	わが子にカチンときたこと
・テストの凡ミスで永遠に文句。 ・「うちの子じゃない」と言われた。 ・門限を破り，締め出しご飯なし。 ・お葬式ではしゃいで蹴られた。 ・髪の毛を引っ張られてビンタ。 ・バスケットボールを投げられて突き指した。 ・「産むんじゃなかった」と言われた。	・何かを伝えると無視するか「思春期やから」の口答え。 ・人を無意識に追い込む言動。 ・「だから〜」の言い訳。 ・チャレンジをせず，消極的。 ・人が悲しんでいるときに笑う，注意に逆ギレするなど。 ・ひたすらダラダラしているとき。

授業では，先に「子」の立場から意見を出し合うと，とても盛り上がる。そこで保護者からのアンケート結果を示すと，子どもたちは驚きと罪悪感ともとれるような微妙な反応を示す。保護者向けのアンケートには，心配や苦労だけではなく，喜びも記入してもらうので，それを見た子どもたちは，少しだけ「親」の立場に思考をめぐらせることができたようだった。

3 ダイレクトな事例の投げかけ

自分たちの日常から，親子だからこそ，ぶつかり合うということを実感できたこのタイミングで，それが悪化したケースを4つ示した。西澤先生の著書を参考に，身体的暴力の事例2つ，ネグレクト・過干渉の事例各1つを示すことにした。そのうちの1つが，次ページの図6-1である。施設から通う子どもたちだけでなく，親の離婚，面前DV，ネグレクトや虐待傾向の家庭経験がある子どもたちも複数名いた教室だったが，いろいろなことを乗り越えて何でも話し合える集団ができていたこと，そして2年間担任として一緒に過ご

図 6-1　子どもたちに示した虐待の事例（身体的暴力）

ヒデキさん(35)　ヒロコさん(32)　ヒロくん(小3)

ヒデキ：職業・警察官で仕事は常に忙しく泊りがけのことも多い。家事や子育ては妻に任せていて，男は外で全力で働くことが一番大切と思っていて，一日でも早く出世したいと考えている。

ヒロコ：厳しい家庭で育ち，早く家を出て自分の家庭がほしかった。待望の息子がおなかに宿った時は，本当に嬉しかった。
息子をきちんと育てなければならないといつも思っており，とても真面目な性格。ヒロくんがやりたいと言った習い事は全てさせている。

小学校から電話があり，
「暴力をふるった」という
報告を受けた。
→母ヒロコが**包丁で**
ヒロくんの手を切る。

そんな悪いことする
手はいらない！
それくらい厳しくして
わからせないと！

立てかけていた
アイロンをはずみで
たおしてしまった。
→母ヒロコが**アイロンを**
ヒロくんのおなかに
あてる。

それが，いかに
危ないことであるか
教えないと
いけないわ！

し，個々との関係性があったことから，子どもたちを信じ，かなり鋭く切り込んだ授業に挑むことにした。

母親が子どもにした行為だけ見ると信じられない出来事だが，子どもたちにはその背景を想像させてみた。子どもたちからは，表 6-2 のような意見が出た。感性からなのか経験からなのか，解説をせずとも，親の孤独や追いつめられる恐怖心をしっかりとらえることができていた。

表 6-2「ヒロコさんはなぜここまでしたのか」についての子どもたちの意見（一部）

・家事や子育ては全部ヒロコさんがやっていたから，ストレスでヒロくんに暴力を振るった。
・いい子に育てようという気持ちが暴走してしまった（厳しくしなければならない）。
・ヒロコさんが厳しい家庭で育ったから，同じように厳しくしてしまった。
・やってはいけないことをしたらこうなるってわからせるため。
・息子は真面目で，友達に暴力などしないと思い込んでいたから，ショックが大きかった。
・子どもの頃から厳しい家庭で育って，あまり愛されていると思えなかった。「育て方」「愛し方」を知らない。
・自分がされた嫌なことは子どもにはしたくないから優しくしようとするんやけど，言うこと聞かへんときに，親のこと思い出して，その瞬間自分がやられたことをやってしまった。

実際のところ，ヒロコは厳しい家庭で育ったが，激しい暴力までは振るわれていなかった。ここでの大きな原因は，実は，ヒデキの多忙というよりも日常的に行われていたヒロコへのDVであった。とくに，息子ヒロが良くない言動をとるたびに，「しつけがなっていない」と暴力を振るわれ，きちんとさせなければ自分が殴られるという恐怖から，このような事態に至ったのであった。

この授業の後，菊井威教諭に結婚生活の素晴らしさを語ってもらったり，大人になった自分の家の理想の間取りを考えたりして，将来の生き方を考えさせた。表6-3は，授業の最後に子どもたちが書いた言葉である。

表6-3 授業を終えて ——2017年度卒業生から寄せられた言葉①

- 生きる授業の内容すべてが自分の身になることだったから，すごい勉強になった。S君の言葉が予想以上に心に刺さった。でも，この授業ができてよかった。トラウマがあることはこれからも向き合わないといけないし，心配だけど，自分一人じゃないのはわかった。一人で苦しまなくていいのも！
- 昔，苦しいことを味わってきたけれど，（HとFと一緒に）それを乗り越えてきましたよーー！！　パチパチ…
- 将来もし結婚して赤ちゃん産まれても，子どもには絶対に虐待しない親になりたいと思った。未来の家庭の授業楽しかった。（みんなの間取り図）ああいう家庭に住みたいなと思った。
- もし，傷ついたら今までの学習を思い出す。想像通りの家になるといい。
- 将来，苦しいことができてもバネにして明るく生きていけることを学んだことがとてもうれしい。トラウマをバネにしていける気がしない。虐待の話を聞いて胸が痛くなった。こんなにも苦しんで命を落としてしまう子どもがいると思うと泣けてくる。
- 努力をして，自分の思っているような家を建てる。
- 私が結婚して子どもを産んだら，「この家に生まれてよかった」って思ってもらえるようにしたい。これから先，ストレスでつらいこともあると思うけど，子どもを傷つけることだけはしたくない（自分は親に傷つくことをされたことがあるから）。
- トラウマの怖さがわかった。俺の結婚式にはみんな来てほしい。家事を手伝おうと思った。苦しんでいる人が今後いたら，助ける。
- いろいろなことを学んでよかった。いろいろ知ることができた。
- 知ってよかったことがたくさんあった。未来の自分に繋げたいと思った。暴言・暴力の重さがよくわかった。子育てについてよく知れた。

- 苦しいときにはだれかを頼る。(人間関係大事)
- もし，本当に心に傷ができたら，パートナーや自分の子どもに癒やしてもらおうと思った。
- 先生たちの過去の写真見られて楽しかった。家の中に絶対バスケットコート作る。
- 友達に，いい言葉を言った。楽しかった。菊井先生の写真がおもしろかった。
- 結婚楽しそう。
- 菊井先生の結婚式の写真がおもしろかったです。
- 菊井先生の家の話がおもしろかった。楽しかった。将来を改めて考えられた。
- 楽しかったし，これからがんばろっと思いました。菊井先生の写真がおもしろかったです。約15年後？？ だれかを支えてだれかを愛してだれかに愛されるような人になりたいです。
- 人は，何気ない言葉や行動で傷つけられたり癒されたりすることがわかった。人の気持ちを考えられる大人になりたいなと思った。
- 将来，楽しいことだけと思っていたけど，この学習をとおして苦しいこともあると知った。でも僕の想像している楽しさ以上の，比べものにならないくらいの楽しさを知った。
- 時間を制限されず，過ごすことが僕の幸せ！
- みんなで楽しく過ごすのが一番幸せ！ 子どもをつくって子育てをしてみたい。親にムカつくことはあるけど，自分のことを考えてくれていると思えた。
- 子育てや将来の家庭のことについて話せて楽しかった。自分にトラウマはないけど，それで苦しんでる人がいても治せるのは，初めてわかった。
- 結婚は自分のためにも相手のためにも子どものためにも必要だと思った。人を受け入れることも大切だと思った。ストレスで苦しむときには人を頼ろうと思うし，頼ってもらいたい。中学校に入っても仲良くするだけじゃなく，みんなと家族のように接していきたい。

　虐待事件の背景について子どもたちが考えた分析の鋭さに驚かされた授業だったが，このように直接的に実際の事件の事例を投げかけた授業を6年生にすることは，その後は二度となかった。虐待の被害にあった子どもたちもいる教室で，生々しい虐待の事例を投げかけることが良いことなのか，迷いも残ったからである。より6年生の子どもたちに合った形で教材を作るにはどうすればよいのか——大きな宿題をもらった気がした。

2018年度には，初めて全学年で公開授業を実施できた。この年には，保護者とも共有しやすい授業の形を考えた。関係性に頼らず，切り込みすぎることなく，親子両者の背景に迫る方法として，育児困難の状況をイラスト化することにした。

図6-2 育児困難を描いたイラスト

図6-2に示したイラストを子どもたちに提示し，絵の中に仕かけられたヒントを手がかりに，どのような状況を描いたものか，考えさせた。

子どもたちは，「時計から真夜中っていうことがわかるし，お母さんの目の下にクマができています。赤ちゃんは泣き止まず，お母さんだって寝不足でつらいのだと思います」「食べたものがそのまま散らかって

図6-3 イラストを見ながら話し合う子どもたち

いる。……親が忙しくてごはんをなかなか食べられないのかな…」「女の子，震えているよ。夫婦喧嘩をみるのが恐くて悲しいのかな…」などと，子どもたちは対話しながら思考を巡らせる（図6-3）。体験からなのか，一瞬で状況をとらえる子どももいれば，なかなか理解できない子どもたちもいる。グループで話し合った後，クラス全体で意見を共有した。

さらに，育児困難に直面した親には，どのような支援が必要なのかを考えさせた。「子育てに困っている友達に，きみたちはどんな手助けをしますか？　こんなとき，どうして

ほしいですか？」と問いかけると，子どもたちからは，表6-4のようなアイデアが次々と生み出された。

表6-4　育児困難に直面する親への支援についての子どもたちのアイデア

- とにかく赤ちゃんを預かってあげて，一度休んでもらう。
- 気分転換に一緒に出かける。
- お母さんの話をひたすら聞く。
- 家に行って家事を手伝う（買い物に行ったり洗濯したり）。
- 「ベビーシッターしたろか？」と言うか，そういう支援を探す。
- 保育所の手続きをするよう説得する。
- 仕事手伝うから，はよ帰りって言う。
- 夫婦の間に入って仲直りしてもらって，「安心し」って子どもに言う。

　さらに，子どもの方に目を向けると，一番愛してほしい人からの暴言や暴力は，心に深い傷が残ることがあることを伝え，そのメカニズムを教えた。「この特別な傷は，心や体，そして脳へも影響を及ぼします。親と子の関係が人生に与える影響は，本当に大きい。では，一度できた傷はもう治らないのかな？」と子どもたちに尋ね，治療法を考えた。
　表6-5には，これまでに子どもたちが考えた治療法を列記している。子どもたちなりに，生きていく知恵を模索しようとしている様子がうかがわれる。なかには「だれかにも苦しみを味わわせる」という記述も見られるが，子どもたちがこのような「本音」も出せるという安心感をもてているからこそ，できた授業だともいえる。このような意見をもった子どもも，友達が自分とは異なる発想をもっていることを知る機会が，この授業を通して得られたと考えている。

表6-5　授業を終えて──2017年度卒業生から寄せられた言葉②

- トラウマをちょっと除く。
- トラウマに慣れる。
- 理想の夢とトラウマを混ぜながら少しずつ慣れていく。
- 自分がしたいことをいっぱいする。
- 1日1回歌を歌う。
- 悲しい顔をしない。
- 楽しいことをいっぱいする。

- ・ひたすら笑う。
- ・楽しい思い出を想像する。
- ・トラウマといい思い出を入れかえる。
- ・人生を変えるような出来事に出合う。
- ・その人に害を与えない。
- ・地震とかない場所に移動させる。
- ・人と自分を比べず，何でもいいように考える。
- ・趣味を見つける。
- ・魚を食べて頭を活性化させる。
- ・ストレス発散。
- ・だれかにも苦しみを味わわせる。
- ・信頼できる人やつらいことを話せる人を見つける。
- ・動物と暮らす。
- ・1人で生活して家事に追われて忙しくする。
- ・人にはできひんことを経験してんねんから自信に思ったらいい。

　より優しいタッチにアレンジした2018年度の実践を下敷きにして，2019年度には筆者ではない授業者が「家族」のテーマに挑んだ。授業者が変われば授業も変わる。原案をもとにしつつも，授業者自身が伝えたいだれかを想いながら自分らしい授業ができるよう教材をアレンジし，発問の1つ1つを練りに練る──そんな同僚の姿に，心打たれた。だれかにゆだねられるということが，本当にうれしかった。

　その後，「家族」をテーマとした授業は，思いがけず，2020年度からは田島中学校でも実践できる展開となった（本シリーズ第1巻，および本書第7章参照）。子どもたちの進学先でも，「性・生教育」を実践したいという思いをもって，田中梓養護教諭が田島中学校に異動し，連携を強化してくれたからである。被虐待の子どもたちと接してきた紙原大輔教諭は，授業でこのテーマを扱うことの怖さと真剣に向き合いつつ，「社会の中の親子」の実践づくりに取り組んでくれた。

　2020年度には，この授業をつくるきっかけとなった西澤先生に，直接授業を見ていただける機会を得た。中学校で「家族」「虐待」を本格的に扱ってもらえるようになったことから，小学校6年生では子どもの「心の傷」に焦点化することが可能になった。45分が終わった瞬間，ここまで導いてくれた子どもたちへの感謝から，涙が止まらなかった。

田島中学校における
「リアルデートDV」の授業づくり

　あるとき，生野南小学校の卒業生（田島中学校の生徒）が恋人との支配―被支配の関係に
悩んでいることを耳にした。5年生のデートDVの授業で，ブラックハートについて真剣
に議論していた女子生徒だ。その相手は，彼女が他の男子生徒と話していたことへの嫉妬
から怒りをぶつけ，高圧的なやりとりの末，別れを切り出したという。それに対し，自分
が悪かったから謝りたいと泣く女子生徒。中学校の先生の「あんたは悪くない」は耳に入
らず，恋人を失うことを極度に恐れていたようだ。

　恋愛のスイッチが入ったとはいえ，幼馴染のような彼女に対し，「好き＝服従」とでも言
わんばかりの言動を重ねる彼。一方で，彼の束縛に悩みながらも，どこかでそういった関
係性に安心感を覚え，「愛＝束縛」と，正義を忘れているような彼女。素直ではつらつと
した2人の本質は変わらないのだろうが，幼い時期からよく知っていた分「思春期×恋愛
×アタッチメント」という方程式がもたらす事態に，ただただ驚いたことを覚えている。

　中学生は，DV行為そのものを否定する判断力をすでにもっている。それでもそこに陥っ
てしまう背景には何があるのか，両者の深層心理に潜んでいるものに迫っていくことを中
学校2年生の授業「リアルデートDV」のテーマにした。

　本実践を作成するにあたっては，心理学者・伊藤明氏の著書『恋愛依存症』[4]を展開の
柱に据えた。一般的に加害者・被害者と呼ばれる人々は，同じ関係性を繰り返す。傷つく
こと，傷つけることがわかっていても，まるで磁石のように引き合うその根源に，親との
関わりが大いに関係するという。

　健全なアタッチメント形成は，心に大切な人がすむことで自立がかなうことを指す。こ
れがうまくいかないと，安全基地は空き地となり，後にアイデンティティの確立が困難に
なる。それと同じくらい心配なのが，「親」が支配者という形で心の中に棲んでしまうこと
だ。そうすると，植え付けられた負の感情が心の奥に残り続け，心理的支配をいつまでも
受け続けることになる。結果，自己否定感から今の幸せが怖くなり，慣れ親しんだ支配関
係に安心感を覚え，傷つきながら関係を続けるケースがある。

　また，傷つける側にも同様のことがいえる。怖かった父と自分とを重ねることで，恐怖
心を乗り越えようとしたり，守ってくれなかった母を恋人に見立て，懲罰的な言動をとっ
たりするなど，離れて暮らす「親」が，いつまでもそこにいるのだ。だから，恋人は，か
つて自分を苦しめた親に重なる要素が必要である。だから，両者は惹かれ合う。さらに，
恋人を象徴的親とし，かつてかなわなかったアタッチメントの再形成をめざそうとするが，
当然相手は親ではないのでうまくいくはずがない。それでも求め続ける。これこそが，エ
ンドレスな悲しいドラマとなってしまうのだ。

共依存のメカニズムに私たち教師は納得したものの，これをストレートに生徒に伝えることはできない。しかし，授業のなかでさまざまな事例を俯瞰してとらえ，個人の価値観だけではなく，友達と対話しながら正しく判断する経験を重ねることで，「支配を見抜く目」「我慢を見抜く目」をしっかり育てる必要がある。

そこで中学生の実践においては，加害者側へのアプローチを強化するため，加害行為のすべてに罪名をつけることにした。また，被害者側への対処法や相談窓口もはっきりと提示した。自分を守る最低限の知識の習得は義務教育のなかで必要だと考えたのである。

正しい知識とDVを見抜く目で，それぞれの言動をとらえなおしたとき，恋愛関係のなかでは正常に判断しにくいことを実感させ，普通と異常の間に何があるのかを洗い出す。それらをヒントに，両者が離れない理由に迫り，支配する側・される側の心の奥底にあるものを生徒たちと一緒に考える授業をつくりたいと考えた。中学生にとって一番興味があるともいえる「恋愛」がテーマだからこそ，授業への入り方は重要だ。楽しく，でもおかしな雰囲気にならぬよう，授業者（西村建一郎教諭）のカラーも考慮して発問を練る。

初めてこの授業を実施した2020年度には，その時分に流行っていたドラマを提示し，容姿端麗なヒーローの支配的な言動が人気の秘訣であることを共有した。盛り上がる女子と理解できない男子がいた。続いて関西テレビ『報道ランナー』（2019年1月放送）を視聴し，リアルにふれる。「常に位置情報で位置を探られる」「友達と遊んでいたら車で後をつけてくる」「ラインをすぐに返さないと連続投稿のあと電話がかかってくる」など，画面に映る脅迫的なラインの連続投稿に，生徒たちは絶句する。こうしてDVの現実を受け止めることで，ドラマや漫画の先にある社会問題に目を向け，本時のめあてをつかむようにする。

さらに，なぜ特別な人にだけ，たとえひと時でも暴言や暴力を許せてしまうのかについて，脳の仕組みを学ぶ。恋愛によって前頭連合野での理性の働きが弱まることや，神経伝達物質（ドーパミン・セロトニンなど）が心身の高揚感に影響することをとらえる。ここでは，わかりやすい表現として「しあわせホルモン」と呼ぶことにした。続いてデートDVの定義にある，身体的暴力・精神的暴力・経済的暴力・社会的制限・性的暴力について理解するために，さまざまな事例を分類するワークに取り組む。最後に，そのようなDVに陥らないルールについて考える，という授業が出来上がっていった。

本当に欲しい「親の愛情」を追いかけ続け，間違った方法で「違うもの」を手に入れようとし，傷つけあう姿は恋愛に限ったことではない。アタッチメント形成の脆弱さが人間関係の構築に与える悪影響には，今でも驚かされることが多い。卒業生の話に無力感を覚えることもしばしばあり，DVの授業をしたところで，悲しい恋愛にストップをかけられるとは到底思わない。だからこそ，授業のあり方に正解を求めるのではなく，生徒たちには通ってほしくない最悪の事態から逆算し，精一杯の知識と価値観を授業展開に並べている。

いつか，心がしんどくなったとき，だれかを傷つけてしまいそうなとき，かすかに残る授業の記憶が少しでも助けとなるよう，授業は何度も練り直し続ける必要があるだろう。

1 「考えよう みんなの凸凹 —— 障害理解教育」

　生野南小学校は，2022年4月に田島南小中一貫校として統合された。本シリーズ第1巻第3章で報告した「考えよう みんなの凸凹 —— 障害理解教育」は，その前年，2021年3月3日に初めて実践したものである。

　この実践が生み出された背景には，2014年5月30日，神奈川県厚木市内のアパートの一室で白骨化した子どもの遺体がゴミに埋もれた部屋の中で発見された事件があった。男の子は，5歳で亡くなったとみられ，生きていれば中学1年生だった。警察官と一緒に現場を見た父親は，その場に立ち尽くし，地面にぽとぽと汗を滴らせていたという。父親は，理解されにくい障害を抱え，困難な生育環境を生き延び，子育てについて何も知らないままだれにも助けを求めず2年の歳月を親子で過ごした。ハンディキャップを配慮されずに育ち，お前はだめだと言われて叱られながら生きることでSOSを出せずにいれば，さらなる困難に巻き込まれることとなる。

　世間を騒がす児童虐待死事件の中心にいる「親」たちの深層心理を，これまで何度も西澤先生から学ばせていただいてきた。罪人といわれる親のほとんどが強烈な逆境体験を生きてきている。一方で，事件の核に親の発達課題がみられた厚木市の事件には心底，衝撃を受けた。この父親のように，抽象的に考えられない，情報を留められない，将来を見通せない，時系列で思い出せないといった姿は，当校の子どもたちにも多く見られることである。学校が安全基地の役割を果たしていれば，ごく自然に受け入れられることだが，世間に出て人生の歯車が狂いはじめると，最悪ここまでに至るのかと，頭を抱えた。幼いうちに，正しい知識のもと，「○○の傾向にある自分の処方箋は△△」といったように俯瞰できる視点が必要だと感じた。

　こうして「考えよう みんなの凸凹」の授業が生まれた。ADHD（注意欠陥・多動症），ASD（自閉スペクトラム症），アタッチメント障害，発達性トラウマ障害という4つの特性をもった姿を「宇宙人」としてキャラクター化し，一緒に楽しく「生南スポーツ大会」を実現するにはどうすればよいのか，と子どもたちに問いかける授業である。ペープサートを用いた中島裕子教諭・山阪美紀教諭の熱演の甲斐もあり，4年生の子どもたちはファンタジーの世界にピタリとはまり，授業は大いに盛り上がった。

　授業づくりに際し，当初は「相手の心に寄り添うこと，助けてと言えること」を目標にしようと考えた。しかし実際の子どもたちは，すでにそのような目標は達成した姿を見せていた。そこで，発達特性に応じた「環境調整」まで視野に入れることとなった。このと

き初めて「『生きる』教育」の授業を見学した西岡加名恵先生は,「大学の教員養成課程で学生たちが学ぶようなことを,子どもたちに直接,学ばせるのですね!」と驚いていた。

② 「世界中の子どもたちが笑顔になれる方法を考えよう」

統合前の生野南小学校における最後の「『生きる』教育」を実践したのは,2022年3月5日のことである。辻先生の紹介で,「『生きる』教育」に関心をもった政治家や官僚の視察が入ることとなり,急きょ,新たな研究授業を実施することとなった。それが,単元「世界中の子どもたちが笑顔になれる方法を考えよう」である。

この授業の前半では,世界においてはまだまだ子どもたちの権利が守られていない状況があることを扱う。後半では現在の日本における「ヤングケアラー」の事象を扱い,その背景にある「ジェノグラム」(家系図)を提示した(次ページの図6-3)。

問題を解決する視点で,さまざまな職業カードを用意し,どのようにすれば子どもの支援体制を整えられるのかについて検討するグループワークを考案した。途中,社会福祉士として活動する辻先生にも直接子どもたちに語りかけてもらい,「得意なこと」「できる仕事」「相談できる人」といった「強み(ストレングス)」に注目するという福祉の視点をご紹介いただいた(扉の写真参照)。さらに,窮地に陥っているB男(小5)の状況を改善するために,何ができるのかについて考えた(次ページの図6-4)。

この授業は,「権利」を守られるべき子どもの立場から,「権利」を守る大人の立場へと移行する視点をもったものである。その後,この授業は田島中学校に引き継がれ,2023年度には,中学校3年生で単元「社会における『子どもの権利』」として実践されるに至っている。

「『生きる』教育」は,決してマニュアル化できるものではない。今なお進化し続けているのである。

第6章 「『生きる』教育」の実践づくり

| 注 |

(1) 才村眞理・徳永祥子「ライフストーリーワークの説明」才村眞理・大阪ライフストーリー研究会編『今から学ぼう!ライフストーリーワーク』福村出版,2016年,p. 8.
(2) 西澤哲「子どもの回復に向けた支援——総論」公益財団法人明治安田こころの健康財団主催2016年度子ども・専門講座『虐待を受けた子どもの回復に向けた支援のあり方——精神療法,心理療法,ソーシャルワークの現場から』2016年7月30日。
(3) 辻由起子「すべてのこどもの安心と希望の実現のために——子どもの貧困の現状とその対応策について」生野区役所職員向け夜間自己啓発セミナー,2016年8月9日。
(4) 伊藤明『恋愛依存症——苦しい恋から抜け出せない人たち』実業之日本社,2015年。

図6-3 家族の状況を示す「ジェノグラム」

かわいい孫の大事な青春時代なのに…わたしの世話で…もうしわけない。でも, 息子も嫁も頼れん…。

おばあちゃん

最近うちのラーメン屋のお客さんが激減…。仕事を変えようか, このまま続けようか, 子ども3人食べさせていくのに, オレはどうしたらいいのか?

父

最近, 主人の暴言がひどくて, お酒をたくさん飲んだ日には手が出ることもあるんです…ストレスから, 夜眠れなくて耳鳴りもします。C太が泣き止まない時は, ついC太をたたいてしまって…。

母

A子 (中3)

大好きなおばあちゃんが寝たきりになってしまって…でもお父さんもお母さんも余裕がなくて, 私がお世話をしているんだけど…。
食事の準備や弟が熱を出すと, 学校にいけないこともあって, 出席日数や成績のことが心配…。
行きたい高校があるけれど, おばあちゃんのお世話のことやお金のことも気になるな…。

最近家でも学校でもつらいことばかり。弟のおむかえに行かないといけないから友達とも遊べない。今まで仲良かった友達から, 仲間外れにされてる気がする…これっていじめかな?
あと, 宿題をする時間もないから, 先生にも毎日しかられる…つらいよ。

B男 (小5)

C太 (5才)

ママ, さいきんすぐに大きな声で怒ってる。怖いから泣いていたら, たたかれた…ぼく, ママのこと大好きなのにな…。

図6-4 授業風景

私が出会った子どもたち

別所美佐子

1. 怒りと悲しみを抱える子どもたち

自分の生い立ちをふり返る。そこには，楽しく明るい思い出ばかりがあるわけではない。日々の生活のなかで，だれかと楽しく笑い合っていても，胸の奥底にはつらくて，悲しく寂しい過去が横たわっている。

なぜ，あのとき，お母さんはあんなことをしたのだろう。なぜ，いつのまにかお父さんがいなくなったのだろう。なぜ，今，わたしはひとりぼっちでご飯を食べているのだろう……。

子どもたちの安全を思い，家族と離れて生活するよう保護された措置も，仕事や用事で帰りの遅い保護者を待つ子どもたちにとっても，独りにさせられた事実でしかない。そんな疑問やいら立ちにそっと蓋をして，子どもたちは学校に通ってくる。

休み明けの月曜日，友達との会話のなかで「家族」というキーワードが見え隠れするたび，自分の生活と比べてしまう。学校で大きな行事があるたび，自分の家族は来てくれるのか，どきどきする。いろいろと諦めてきたはずなのに，ざわつく思いやこの先の不安とやり場のない怒りをどうやって静めたらよいのか。10歳前後という時期，子どもたちにとって，自分自身と向き合う大きな壁とぶつかることが多い。

2. だれかに聞いてもらいたい

3年生の社会科の学習で校区地図をクラスのみんなで作っているときに，児童養護施設で生活するショウタ（カタカナの名前は仮名，以下同）は突然自分の本当の家を思い出し，ノートに「パパきらい！ パパきらい！」と何十個も書きなぐりはじめた。落ち着かせるために別室で話を聞くと，自分が父親から受けた暴力について泣きながら話し出した。

「自分がお風呂に沈められたとき，息ができなくて死ぬかと思った。でも，ママがその様子を動画にとって警察に見せてくれたから，パパは警察につかまってん。ママは大好きやけど，パパはこわい。大嫌い。ほかにもいっぱいこわいことあった」

生々しい暴力の悲しい思い出に驚くとともに，私も涙ながらに彼を抱きしめた。興奮が落ち着いた後，淡々と話し出した記憶は，行ったり来たりでとぎれとぎれだった。

話している間に，いろいろな時系列の記憶が混ざり，何度も確認しながら，一緒に彼のつらかった記憶を整理した。そして，彼に了解を得てから，放課後に施設に行ってその日の彼の様子を伝え，彼の記憶と施設が把握している事実とを照らし合わせ，今後の彼への接し方や再びフラッシュバックが起こる可能性などについて話し込み，今後起こり得る些細な出来事に対しても情報の共有を約束した。

その後もいろいろな問題行動を施設や学

校でも起こしてはいたが，今思うと，友達
への接し方が不器用で，乱暴な一面をもっ
ていた彼の態度が，その日を境に，少しず
つ変わっていったように思う。放課後には
つねに最後まで教室に残り，いろいろな話
をするようになった。そのうち，一緒に
残っているクラスメートがいても，自分の
つらかったことや今の生活の寂しさ，ママ
への気持ちを話し出すようになり，威圧的
だった友達への関わり方が，少しずつ穏や
かになっていった。

　最初にユミと出会ったときには，父親と
3歳上の姉との3人暮らしで，仕事で帰り
が遅い父親を姉と2人で待っていることが
多いという情報しかなかった。忘れ物が多
く，家で宿題をやってくることはほとんど
ない。そんな彼女と一緒に宿題をすすめて
いた放課後，ユウキが突然お母さんの話を
しはじめた。そのなかで，「おれ，お父
さんおらんから…」と言った言葉を聞いたユ
ミは，すかさず「私，お母さんおらんねん！」
と言い出した。

　もともと自分が小さい頃は東京で暮らし
ていて，本当は年の離れた兄もいたこと。
いつの間にかお母さんと兄に会えなくなっ
て，自分たちは大阪で暮らすことになって，
なんでやろうと思いながらも父に聞けな
かったこと。母や兄にいつか会いたいけれ
ど，どこにいるのかわからなくて寂しいこ
と。夜に寝るときに，いつも「いつか会え
ますように」とお祈りをしていること。こ
れまで蓋をしてきたユミの寂しさが，一気
にこぼれだした。そして，話しているうち
に昨年両親が離婚をしてお母さんと暮らし
ているユウキもお父さんとの思い出を話し

出す。「会いたいよな」何となくお母さん
には言えなかった自分の気持ちをユウキも
つぶやいた。その日から2人とも放課後に
残れる日は必ず残って，一緒に宿題をする
ようになった。

　みんなと一緒にする過去のふり返り（ライ
フストーリーワーク）で，6歳の記憶がどう
しても思い出せないと言ったアオイは，3
年生のときの転校生で，その1年前に母を
癌て亡くしていた。6歳の頃はちょうど母
の抗がん剤治療が始まり，家のローンのた
めに仕事を休めない父が困り果てて，彼女
は遠くの児童養護施設に預けられた。そん
な6歳の記憶は何となくぼんやりしていて，
いろいろ変化がありすぎて何も思い出せな
いような状態だったようだ。個別で話をし
ているうちに，看護師をされていたお母さ
んの聴診器を時々耳にかけていると言った
瞬間，彼女の目から涙があふれてきた。そ
して，それからゆっくりと何日もかけて，
ポツポツと彼女はお母さんのことを話せる
ようになった。

3．仲間がいるからこそ

　「自分を語る」ことは，決して簡単なこ
とではない。でも，きっとそれができたと
きに，少しずつ心の中の氷が解けていくの
だと思う。信頼できる仲間だから，素直に
自分のしんどさを語れる。そんな仲間づく
りが根底にあってこそ，このライフストー
リーワークを学校で行う意味ができるのだ
と思う。

側の仕事
──教務主任として

菊井 威

1.「『生きる』教育」と出合って

　2018年に生野南小学校に異動してきて「『生きる』教育」と出合い，子どもたちの将来を見すえて，今できることに一生懸命に取り組んでいる学校体制を前にして，どんなことで力になれるかを考えながら勤務しはじめました。

　当時は，ICTの導入が始まり，学習端末やリモート学習の導入，学校業務のデジタル化など，教員が担う新しい取り組みが増え始めた時期でした。一つ一つの役割分担について研修や説明会などに時間をとることが難しい現実もありました。そこで，校務運営が円滑になるよう必要な情報を積極的に公開することを意識しました。後に，職員室に大型モニターを設置して，常に教務主任の端末の画面を全員で見ることができるようにして，見てわかる，伝わるようにする，知りたい情報は，ネットの検索画面を表示し，みんなでその情報をもとに話し合うことができるようにもしました。

　教職員が授業に向き合う時間を確保できるように，一括で管理，処理できる業務は，教務ができるだけ対応できるように，声かけ，連絡，要望の収集・確認などを行いました。また，行事の会場設営など環境整備

は，子どもの力を借りつつ準備を進めるようにして，担任の先生方には，放課後の時間を授業づくりや教科研究，子どもとの補習にあてられるように努めました。そうした取り組みを進めるにあたり，当時の木村幹彦校長の，鋭い角度と切り口の現状把握と物事に対する目線をもとに，柔軟な思考で素早く対応される姿勢とアドバイスがあったことで，複雑な状況だった2020年以降の事態に対応することができました。学校全体の取り組みを進めるときに，子どもと保護者が満足できる行事を実施することを最大命題として，管理職との打ち合わせを密にして，柔軟な対応ができるよう工夫していました。

　「『生きる』教育」のための側の仕事（名簿の整理や会場の設営，受付業務の整理など）という下支えを通して，先生方の授業の準備や研究の時間を確保でき，間接的に子どもたちへの教育の向上を担えるのではないかと考えるようになりました。

　ただ，そうしたことも1人ではなしえないことばかりでした。新しいICT機器の導入など，大きな動きがあったときに，管理職が率先して動いてくださり，機器を運用するうえで発生するであろうさまざまな動作の検証を事前に行い，実際にトラブルが起こったときの保護者への対応や子どもへの指導を行う前の動作確認などを思いつく限り検証できたので，先進的にICT機器を生かすことができたと思います。また，デジタル関連の保護者の問い合わせは教務で一元管轄として窓口を一本化することで対応を素早くできるようにもしました。

　側の仕事をするうえで，外への応答はで

きるだけ丁寧に対応することを意識しました。申し込みにはできるだけ返信を入れる，名簿は後回しにせず都度更新する，今までにできないことをできるようにする工夫は何かつねに試行錯誤を繰り返して，よりよいものが提示できるように努めていました。

2. 子どもの笑顔につながるために

　情報を公開するときに，相手の受け止め方によって理解が変わってしまうと，それは共有にはなりません。そのためには一般常識的な「暗黙の了解」を避けるというのも教務主任が身につけた方がよい考え方の一つではないかと思います。自分が伝えたいことをより具体的に話すために考えるようになると，聞くときにもその視点から聞くようになり，話し手自身が無意識に省略している情報を言語化してもらうように求めることが多くなったように思います。

　最近，物事を説明しようとするときに起因から結論に至る手順や段階の説明が少ないと感じる場面が多くなってきました。たとえば事前の情報収集不足や，偏った経験からの手順の省略などが原因で，自分では計画を立てたつもりでも，実際には意図が伝わり切らず教員間の意思疎通が不十分で，進行に支障をきたすことが増えているように感じます。たとえば事前に交通機関の連絡先を担当者に伝えたつもりで伝えておらず，遠足の会計がスムーズにいかなかったということは往々にしてあります。それは，子どもたちからすると残念な気持ちを誘発するもので，教員が笑って済ませられると

"思って"いても，子どもたちにとっては言葉にできないもやもやが残ってしまうことではないかと思います。それを取り除くことで子どもたちの学校への信頼が高められるのではないかと思いました。

3. まとめに

　「外部の方を招いて，取り組みや研究の成果をご覧いただき，大きな反響をいただきました」とは，状況を端的に表す一文です。よくあるこの表現の向こう側には，子どもたちと日々正面から向き合い公開授業を行う担任の先生方，よりよい取り組みにしていくため日々研鑽に取り組む研究部があって，学校総体として軸がぶれないように俯瞰しつつ，方向性を示し，何が子どもたちや先生方のためになるかを常に考えている管理職がいます。

　それぞれの歯車がしっかりと組み合って大きな力になるように，隙間を埋めるような潤滑油としての仕事が教務部であり，学校を支える一つの力だといえると思います。
　「側（ガワ）の仕事」は「問題なくて当たり前」です。しかし，取り組む物事が大きくなればなるほど，動きのあるところには偏りや滞りができることもしかりです。その偏りや滞りをいかに少なくするか，できるだけ平らかにできる方法はないか。そのために必要なものがないならば，どうにかして揃える，整える。なければ何とか工夫して作り出す。それが今日の，明日の子どもたちの笑顔や達成感につながると信じてこの仕事に向き合っています。

子どもたちと保健室の関わり
── 生野南小学校から田島中学校へ
14年間を通して ──

田中 梓

田島中学校での「『生きる』教育」の
授業風景

子どもたちをサポートする田中梓養護教諭

　田中梓養護教諭が生野南小学校に着任したのは，2010年4月であった。「『生きる』教育」は2016年度に試行され，2017年度からカリキュラムに位置づけられて本格的に実施され始めた。その後，「『生きる』教育」は，教職員や保護者，地域の人々にとっても心の支えとなる教育になっていった。本章では，なぜ「『生きる』教育」が必要だったのか，「『生きる』教育」の背後にどのような心理的アプローチがあるのか，中学校にどう展開したのかについて，保健室で働く田中養護教諭の視点から振り返る。

第1節　子どもたちの暴力・暴言と保健室経営

1　着任当時の保健室の実態

　2010年度，筆者（田中）の着任当時，生野南小学校は200人弱ほどの小規模校であった。子どもたちは明るく人懐っこく，活発で運動場で駆け回っている姿が印象的だった。しかし大人に対する不信感は強く，4月当初は新しい教員や担任への試し行動が多く見られた。また，子どもたち同士においても，一度トラブルになると「暴力」や「暴言」という表現となり，けんかによるけが，器物破損によるけが，自傷によるけがなど自分のからだを大切に扱うことのできない様子が数多く見られた。子どもたちの負の感情は大人や周りの友達を巻き込みながら学校全体へと波及していったことが思い出される（表7-1）。

表7-1　当時の子どもたちの様子

学校での様子	保健室での様子
・学校外へ逃走し，近くにある川にかかっている橋の下にいる。 ・イライラしたら，ガラスを割る。 ・高いところが好きなので，倉庫や体育館の入り口屋根に登ったり，3階から排水管を伝って下に降りる。 ・給食で丸いものが出たら，投げ合う。 ・飼育されていたニワトリを埋める。	・平日に保健室の見えにくい窓の鍵を開けておき，休日に侵入する。 ・養護教諭が下靴を廊下に置いておくと，毎回ゴミ箱に捨てられる。 ・手洗い場をひねる部分をいたずらで取るため，ほとんど付いていない。 ・健康診断を保健室で行っているときに，ベッドで数人が飛び跳ねている。

　保健室の来室理由としては逆むけや深爪，小さな切り傷，2，3日前のけが，自宅でのけがなど軽微なものと，鼻の複雑骨折，こめかみや腹部など急所をねらった全身打撲など，けんかやもめごとにおける重篤な状況との二極化している現状だった。なんとなくしんどいといった不定愁訴も多く，甘えやアタッチメント（愛着）欲求の場を学校に求める子どもたちが多いのも特徴である。また，児童養護施設に入所している子どもや厳しい家庭環境の中にいる子どものなかには，生きていることが精一杯で余裕の見いだせない圧迫感を学校内で爆発させている者もいるように思われた。

　保健室年間来室者数は1,423名（児童数228名）のうち，対人関係のけがは104人であり，全校児童数における対人関係の割合は47%にも上った（図7-1）。

図7-1　2010年度 対人関係のけがの実態

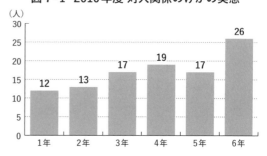

けがが起こる経緯と状態は，壮絶なものが多かった。

・3年生…同じクラスの子に押されてロッカーで頭を打ち，3針縫う。

・5年生…とび箱を投げられて，額打撲

・6年生…修学旅行中に風呂場に沈められて頭部打撲

着任当初は保健室来室が非常に少なく，被害を受けた子どもは「遊びだったから」という理由から，被害を受けたという感情を強くもっていなかった。また加害を行う子どもは，複数人に複数回暴力行為を行っていた。加害行為を行う子どもの7割弱が，複雑な家庭の状況や虐待経験のある子どもや児童養護施設の子どもであり，そのほかの子どもについては何らかの発達による課題を抱えていた。

保健室の状況は非常に深刻であったが，来室者数が多くまた常日頃のトラブルの最中にいることから，2010年度の要医療件数は34件であり，対人行為に関して医療に関わる割合はたった33％であった。

2 安全・安心な保健室経営 —— 養護教諭として

けがやトラブルによって，来室する子どもたちはいつも苛立ちや怒りを抱えていた。幾度となく浴びせられた暴言のなかに「お前に何がわかんねん」という言葉があった。厳しい環境のなか，大人や社会に何度も裏切られ，自分さえも「信じる」ことができず苦しんでいる姿がそこにあった。

荒れている学校のなかでけがの処置は養護教諭の第一条件ではあるが，子どもたちの行動の背景にある「自分の体も心も大切にできない」姿から，まずは自分の体や心を知り，少しでもよい健康観を身につけるために保健室から学校全体への発信を重点的に取り組みを進めていった。

> ・保健室が安全で安心な場所に　～保健室経営と校内巡視～
>
> ・校内連携　～担任・管理職とのコミュニケーション～
>
> ・個別対応　～ていねいな健康相談～
>
> ・健康を知る　～清潔調べと手洗い指導～

※養護教諭の職務の特性として，「保健管理」「保健教育」「健康相談」「保健室経営」「保健組織活動」が役割として挙げられる（中央教育審議会「子どもの心身の健康を守り，安全・安心を確保するために学校全体としての取組を進めるための方策について（答申）」（2008年1月）を踏まえて筆者作成）。

保健室を安全で安心な場所に──保健室経営と校内巡視

　子どもたちは体や心が傷つき，しんどさを抱えて保健室にやってくる。学校内にある場所で，笑顔の子どもたちが最も少ないところであると実感している。不安を抱えているときにこそ穏やかな場所を提供することは最低限必要であるし，子どもたちの課題解決に向けて即座に対応して安心感を与えることが何より重要である。また新たな傷つきを起こさないためにも，迅速に関係者をコーディネートし，既存の居場所である教室や友人関係の調整を行うことで，安心して保健室を去ることができるのではないかと考えている。

　保健室内でさらなる傷つきを起こさないためには，「①保健室内の利用ルールを徹底する，②担任・教職員と即座に情報を共有する，③けがやトラブルがよく起こっていた始業前，休憩時間，掃除中はできる範囲内で校内巡視をする」の3点について，強化していった。保健室内のルールとはたとえば，履いていた上靴は揃えるとか，自分の名前を言うとか，状況を説明するなど当たり前のようであるが，自分の行動を振り返るという意味での約束事を掲示するなど明確にしていった。2011年度からは，木村幹彦教頭（当時）の着任により，中学校での実践から対人関係におけるけがは軽微にかかわらず，管理職報告と病院受診を徹底した。

　保健室では1対1の対応のなかで，救急処置と健康相談を同時に行っていく。とくに対人関係で起こったけがのトラブルにおいては丁寧な聞き取りを行った。

【対人関係のトラブルで起きたけがの対応】

　①1対1の対応を基本とし，保健室では被害にあった子どものけがの処置をする。被害にあった子どもの立場を最優先とし，「あなたは悪くない」という姿勢をもちながら，丁寧に状況を聞き取り記録をする。

　②よくありがちな「ごめんね」「いいよ」というけんか両成敗の裁きを一方の事実だけで行わないようにする。そのためには，加害行為を行った子どもは職員室または別室で担任や他教職員による事実確認を行い記録していく。

　③けがの処置，または病院受診が終わり次第，両者の聞き取りの結果を突き合わせる。両者の事実が相違する場合もあるが，大人の力で強引に話を合わせることはしない。また，被害にあった子どもに不安や恐れが残っていた場合は，無理に謝罪の場を設けることはせず，養護教諭は被害のあった子ども側にいるようにした。

　対人関係のけがによる病院受診では，駆けつけていただく保護者は混乱のなかにいる。最初の頃は「この程度で病院にいくのですか？」という反応であった。これは今まで学校や保健室で適切なけがの対応ができていなかった現状と自分への評価であり，対人関係のけが対応を見つめなおすきっかけにもなっている。

　次第に「なぜ，こんな状況になったのか？」「なぜ，わが子がこんな思いをしないとい

けないのか？」という，わが子を思う反応へと変わっていった。朝，「行ってきます」と笑顔で登校をしたわが子の殴られた顔を病院で目の当たりにする親の気持ちとしては当然の反応である。

　もちろん養護教諭にしたら，トラブルの状況もわからず友達関係も知りえないかもしれないが，学校で起きた子どもの傷つき体験を一教職員として反省し，保護者の混乱を受け止めることは，けがの初期対応として重要な視点だったように思う。

　対人関係のけがの対応を進めるうちに，児童・教職員・保護者のなかに「対人関係の暴力は許されないことだ」という雰囲気ができあがっていった。対人関係のけがが起こるたびに，個別の救急処置の場や児童朝会の集団の場においても，「どんな理由があったとしても，人を傷つけることは絶対に許されないことなのだ」ということを発信し続けた。最初の頃は，対人関係のけがの状況も壮絶なものが多かったが，次第に小学生らしい感情爆発に伴うものに変化していった（図 7-2 ～図 7-6）。

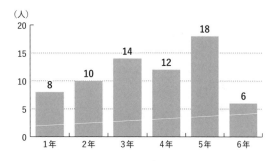

図 7-2　2011年度 対人関係によるけがの実態

・対人関係によるけがの人数
　68人（前年度104人）
・「だれかに殴られた・蹴られた」など，物を使った暴力行為が減った。

※木村幹彦教頭（当時）着任

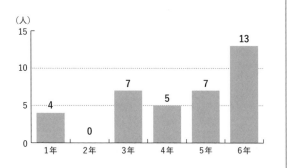

図 7-3　2012年度 対人関係によるけがの実態

・対人関係によるけがの人数
　36人（前年度68人）
・低学年の児童の暴力が減っていった。
・暴力は少しずつ減ったが，暴言が原因となってトラブルが起こる。

※田中産育休＊・小野太恵子教諭着任
＊産前産後休業・育児休業

図 7-4 2013年度 対人関係によるけがの実態

・対人関係によるけがの人数
　48人（前年度36人）
・低学年の暴力が減っていった。
・「デコピン」や引っ張られる，
　押されるなどの軽微なけがも
　対応したことで件数が増加し
　た。

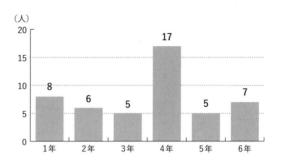

・暴力は少しずつ減ったが，暴言が原因となってトラブルが起こる。

図 7-5 2014年度 対人関係によるけがの実態

・対人関係によるけがの人数
　23人（前年度48人）
・低学年の暴力が0になり，高
　学年でも減ってきた。
・今までは学年をわたることが
　多かったが，ほとんどがクラ
　ス内で起こっている。
・蹴るけががなくなった。
・被害加害児童が固定している。
・暴言によるトラブルが主となっていった。

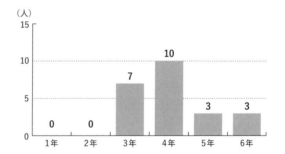

※国語科教育の研究スタート
※2015年度は筆者が産育休のためデータなし

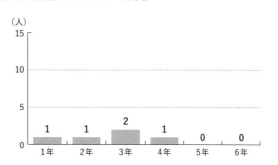

図7-6　2016年度 対人関係によるけがの実態

・対人関係によるけがの人数5
　人
・トラブルによるけがや来室が
　激減した。
・家庭背景・虐待によるもので
　不定愁訴での来室が増えた。
・性による問題行動もある。
・不登校の状況が複雑化し, 対応が難しくなる。

※人権教育主担者・別所美佐子教諭着任,「『生きる』教育」試行

　学校全体として, 「暴力はダメなことだ」という意識と, 対人関係によるけがの対応を被害者救済の意識を高めて丁寧に行ったことで, けがの件数は減少し, 対人関係のトラブルの内容も少しずつ重篤なものから軽微なものへと変化していった。暴力が減っていくとともに暴言からのトラブルが増加したが, 暴言を正しい対話に導くために学校全体で国語科教育の研究を進めたことで, 対人関係のけがの件数が激減していった（図7-7）。また落ち着いた学校生活を送れるということは対人関係にかかわらず, けが全体を減少させていった（序章参照）。

図7-7　対人関係のけがの推移（2010年～2017年）

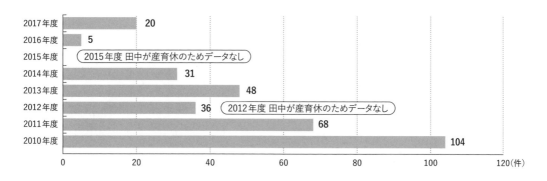

　被害を受けた子どもの対応で見えてきたのは, 加害行為を何度も行う子どもが, 実生活のなかでは被害的立場にあったことである。力関係のある友達, 施設の先輩, 親などから受ける暴力や支配に対して, どうしようもない怒りと寂しさ, 苦しさが子どもたちの行動の背景や要因であった。暴力や暴言でしか表せない子どもたちの心の傷やSOSに対し, 養護教諭としての提案として行ったのが後の性教育となる。

第2節　養護教諭が関わる保健教育の推進

1） 自分の健康な状態を知る —— 生活習慣

　手洗い指導を行う際に，そもそも手洗い場の蛇口がとられてなくなっている ——そんな状況のなかで，当たり前の生活習慣や「清潔」という感覚を身につけてほしいと考え，「自分の健康を自分で守る」ということを中心に指導を進めていった。

「心地よい」という体感を大切に…

○姿勢体操：よい姿勢を意識すると気持ちがいいことを体感するために委員会の子どもを中心に姿勢体操を行った。まっすぐ立つことすら難しかったのが全体の場で姿勢の保持ができるようになった。

○清潔調べ：ハンカチ・ティッシュを保持する意味を何度も繰り返し伝え，自分で用意するために必要な手立てを指導していった。以前は70％台であった携帯率が95％となった。またけが予防から爪の清潔への声かけも行った。

体から出たものは自分で始末するという生理的な経験を大切に…

　持ち物の管理は家庭背景が理由になることも多く，残りの5％の子どもについては，担任と連携しながら持参できない事情を一人ひとり細やかに把握し，対応し続けた。

2） 自分の体と心を知る —— 性に関する指導の推進

　前述のように，子どもたちの壮絶な暴力・暴言の背景に見えたのは，「自分なんてどうでもいい」という破壊的な様子であった。焼け石に水の状態であることは承知のうえで，自分や友達の体と心を知り，成長することに喜びを感じてほしいと考えた。

　性に関する指導を行うために，年間指導計画を提案し担任や養護教諭が授業を行っていった（表7-2）。性に関する指導を推進するにあたり，「児童生徒の発達段階を踏まえること」「学校全体で共通理解を図ること」「家庭・地域との連携を推進し，保護者や地域の理解を得ること」「集団と個別指導の連携を密にして効果的に行うこと」の4つのポイントと，性的少数者・性別違和感をもつ子どももいることを念頭に置き指導を進めた。

　大阪市においては，2016年に行われた「大阪市子どもの生活に関する実態調査」において，若年出産世帯の貧困のリスクの高さが課題として見られたことから，各学校において性に関する指導（性・生教育）の充実に向けて系統的に進めることが示されている。

160

表7-2　学年別：性に関する年間指導計画

	生理的側面	心理的側面	社会的側面
1年	**からだをせいけつに（学級活動）** からだをつねに清潔にする習慣を身につけさせるとともに，自分のからだや友達のからだを大切にしようとする習慣を身につけさせる。		**たいせつなじぶん（学級活動）** 知らない人から声をかけられた時の対処がわかり，自分の体は自分で守るという強い気持ちをもつ。
2年	**わたしのたんじょう（生活科）** 胎児の成長の様子や胎児には自分で生きようとする力が備わっていることがわかり，自分は家族や周りの人からの愛情や保護によって生まれ育ち大切な存在であることを確かめることができる。	**みんなともだち（学級活動）** 男女が互いに相手を深く理解し合い，男女平等の意識をもって励まし合い，支えあうことの大切さに気づかせ，学校生活を楽しく豊かなものにしていこうとする態度を育てる。	
3年	**男女の体を知ろう（学級活動）** 男女の体は，大人に向かい成長していくことがわかり，体を清潔に保ち，男女お互いの成長する体を大切にすることができる。また，いのちはつながっていることが確認できるようにする。		**こんなときあぶない（学級活動）** 性被害から自分の身を守るため，性被害とはどんなことか理解し，どんな場所・場面が危険なのか考え，正しい対処の仕方を身につける。
4年	**育ちゆく体と私（体育科保健領域）** 思春期になると次第に大人の体に近づき，体つきが変わることや月経・射精がおこることが理解できるようにする。	**男女なかよく（学級活動）** 同性・異性問わず，お互いを認め合い関係を築こうとする態度を育て，男女が互いに深く理解しあい，人間として平等であることを認識する。	
5年	**心の発達（体育科保健領域）** 高学年になると二次性徴によって体つきや性器の変化が起こるが，心の発達も大きく変化していく。不安や悩みを解決し自己の性を受容させ，互いに思いやりのある態度や行動が大切であることを理解できるようにする。 **いのちの誕生（理科）** 受精から出生までの仕組みや，生命の神秘性と尊さについて知らせるとともに，自他の生命尊重の精神を養う。		**性情報とわたしたち（学級活動）** 生活に対する情報の影響力をとらえ，適切に選択し，自己の成長発達に役立てる能力や態度を身につける。
6年	**エイズから学ぶいのちの大切さ（体育科保健領域），心理的側面も含む** 感染症としてのエイズを正しく理解させることにより，エイズに対して適切に対処できるための基本的な認識を養う。またさまざまな人と共に生きるために自分ができることに気づく。	**男女の相互理解と協力（学級活動）** 異性への関わり方を通して，よりよい男女の関係を築いていこうとし，互いに支えあい，その人らしさを活かしながら現在および将来の関係基盤を身につける。	

第7章

子どもたちと保健室の関わり

【2年生　赤ちゃんについて知ろう】

　2年生では生活科の学習で自分自身の生活や成長を振り返る単元がある。現在の自分を見つめ，過去の自分と比べることで自分らしさや成長し続ける自分を実感するなかで，成長を支えてくれた人の存在や人の関わりを見つめる時間になる。しかし児童養護施設に入所している子どもや家庭背景が複雑な子どもにとっては，「なぜ自分は親と一緒にいないのか」という疑問は必ず起こってくる。その疑問を否定することなく，だれもが必ず赤ちゃんという時期を経て今があること，そしてだれかに「抱っこ」というお世話をされてきたからこそ成長をしてきたという今の感覚を味わってほしいと考えた。

〇絵本を用いて，おなかの中の赤ちゃんの様子について知る。（『おへそのあな』作：長谷川義史／BL出版）

〇赤ちゃんの成長発達カードを見ながら，生まれてから1年間の成長を知る。（『みんなあかちゃんだった』　作：鈴木まもる／小峰書店）

　赤ちゃんが生きていくためには衣食住も大切だが，「抱っこ」が何よりも必要であることを押さえ，だれもがだれかに抱っこをされて育っていたことを確認する（ボウルビィ（Boulby, J.）のアタッチメントについての研究より）。

〇赤ちゃんとのふれあい体験

　筆者の知り合いの助産師に声をかけ，赤ちゃんとのふれあい体験活動を企画した（図7-8）。実際の赤ちゃんやおなかの中に赤ちゃんがいる妊婦さんと触れ合うことで，子どもたちは「抱っこ」やお世話の大切さを体感していた。児童養護施設の職員にも参加してもらい，入所児童の様子を見てもらっていたが，そのうちの一人が「赤ちゃんが怖い」という様子を見せたため，筆者がその子どもを抱っこした状態で赤ちゃんを触っていることがあった。後に西澤哲氏より自分自身がケアをされていないことで起こる「ケア葛藤」の状態であることが理解できたが，赤ちゃんとの触れ合いについては子どもたちにとって有用なものばかりでないことを注意しておかなければならない。

　現在その子どもは中学生になっているが，今でもその時のことはよく覚えており，「なぜか赤ちゃんが怖かったので田中先生に抱っこしてもらってホッとした」と語っている。

図7-8　「赤ちゃんについて知ろう」の授業の様子（2016年度）

【5年生　心の健康】

　暴力・暴言が減少していくと，自傷行為や不登校など精神的に不安定な子どもが増加していった。とくにアタッチメント形成に課題があったり，乳児院から児童養護施設に入所していたりする子どもは，成長や発達へのとまどいを感じ取られることがあった。「なんかわからん」という漠然とした不安感からSOSとして保健室へ来室することや，思春期に行われる自己の確立がうまくいっておらず，心の形成にも課題が見られる子どもも増えていた。

　そこで，体育科保健領域の単元である「心の健康」に着目し授業に取り組んだ（図7-9）。

　心の健康のためにはしっかりと食事がとれる，睡眠がとれるなどの生活習慣を整えることと，自分や他者を理解する気持ちを育てることが大切だといわれている。そこから自分をコントロールする力が芽生え，将来における危険行動の回避や精神疾患の予防へともつながるといわれている（兵庫県立教育研修所 心の教育総合センター「心の健康プログラム」より）。

　そこで授業においても，思春期に沸き上がる子どもの不安や悩みについて，自分でできる解決法と友達や周りの人たちと共に解決できることを理解し実践しようとする力を育てることを単元全体の目標とした。

図7-9　「心の健康」の授業の様子（2016年度）

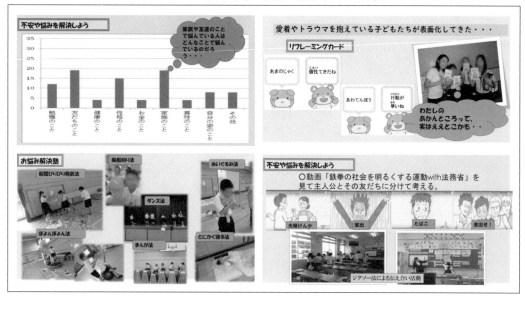

第3節 「『生きる』教育」と心理的アプローチ

1 「『生きる』教育」へ

　学校全体の国語科教育の研究，性に関する指導，心の健康学習，そして精神的なしんどさを抱える子どもたちから見えてきたものは深く傷ついた心の状態であった。生野南小学校の子どもの行動の多くはアタッチメント形成不全やトラウマに起因するものだと整理できたのは，子ども虐待研究の第一人者である西澤哲氏との出会いであった。専門研修を重ねるなかで心の傷が次世代への連鎖とならないことを願い，「『生きる』教育」の取り組みへ進めることとなった（表 7-3）。

表 7-3　「『生きる』教育」原案（生教育の取り組み：2016 年度）

学年	生教育（例）	ねらい	性教育
1	○からだをせいけつに ○プライベートゾーン	性教育と重複させながら，プライベートゾーンは自分以外の人はさわらせないということを知る。	からだをせいけつに
2	○誕生についての学び ○赤ちゃん教室Ⅰ（自分の成長の振り返り）	今に至るまでに人の手でお世話され，愛情を注がれてきたことを知る。また，自分自身の成長を振り返ることも大切にする。	わたしのたんじょう
3	○ちょうどよい距離 ○子どもの権利クイズ○× ○子どもを守ってくれる人（子ども福祉）	家族や友達との付き合い方や距離の取り方について考え，子どもがもっている権利やそれが侵害されたときに家族以外にも守ってくれる場所があることを知る。	男女の体を知ろう
4	○10 年史（ライフストーリーワーク）	自分の生い立ちを振り返り，今の自分を見つめ直し，未来に向かって生きていく自分の姿を思い描く。施設児童については，児童養護施設としっかり連携を取り，十分配慮しながら取り組みを進める。自分の過去を友達と共有できる（子どもの権利）よいきっかけになるようにする。	二次性徴
5	○デート DV ○結婚に関する学び ○児童虐待	「人を好きになる」ということや「人を思う気持ちを大切にする」ということについて考え，結婚や子育て（虐待を含む）とは何かを学ぶ。	心の発達 いのちの誕生
6	○育児に関する学び ○お金と暮らしのはなし	育児とはどのようなことなのかを知る。また，生きていくためにかかる必要なお金や手続きなどの暮らしに関わる知識を学ぶ。	エイズから学ぶ命の大切さ

出典：「『生きる』教育」原案（生教育の取り組み：2016 年度研究紀要『生野南小学校の教育〜学力と自己肯定感の向上をめざした 3 年間のあゆみ〜』より）

② 心理的視点からの保健室対応

　虐待が将来に及ぼす影響について専門的に学びなおし，暴力・暴言のなかにあった子どもにはどのような景色が見えていたのかを再確認することで，保健室での健康相談の手立てとした（表7-4）。

表7-4　子どもの状態と保健室での支援の手立て

		状態	基本的な支援の仕方	保健室での手立て
アタッチメント（愛着）		自分は愛されている，自分は守られている，といった充足感を体験することでアタッチメント対象ができていく。心にアタッチメント対象がいない場合「これをやったらお母さんが悲しむ」といった他者視点がないため共感性が乏しく発達障害のような診断になることもある。	・信頼できる人をつくる。 ・子どもの心に信頼できる大人が「棲む」ことができればよい。「この人がいてくれるから大丈夫だ」という子どもとの間で信頼関係をつくっていく。	・試し行動に対して，逃げずに向き合う。「この人は大丈夫である」となるまで時間は相当かかるが，トラブルがチャンスだと思い，徹底した個別対応を行う。 ・赤ちゃん返りが見られたときは第二のチャンスであり，丸ごと引き受け，父性を求めているのか母性を求めているのか見立て，望んでいることにできる限り付き合う。
ネグレクト（見捨てられ体験）		虐待で致命的なのはネグレクトである。赤ちゃんのときに，自分が笑うとお母さんやお父さんが笑うので「笑う」を自覚する。人は周りの反応を見ながら自分を知り，自己を形成するが，反応を返してくれる相手がいないと自分がバラバラになり自己統合に失敗する。	日常生活における意図的な照らし返しをする。過去を整理して，自分の物語を形成する。家族を理想化せず，うまくあきらめることも必要。	・自分がどう感じているのか「わからない」など，感情が出てこないため，意図的に「今は痛かったよ」とか「それを悲しいっていうんだよ」と，沸いている気持ちに名前をつけていく。 ・過去の話が出てきたときにはできるだけ話を聞き，残っている記憶のパーツをつなぎ合わせていく。
トラウマ		単回性：災害などによるトラウマ反応。PTSDの発症。 慢性的：一番多いのは，家庭の中。虐待やDVなど。複雑性PTSDトラウマは瞬間冷凍され新鮮な状態でとどまるため，溶かしながら癒していく。災害大国日本では度重なるトラウマを「水に流す」文化があったが，1990年くらいからそれができなくなったといわれている。	トラウマの状態によって支援方法を検討する。	何らかの問題行動があらわれた際には「トラウマ」が隠れているのではないかという視点で子どもたちと向き合っていく。

出典：西澤哲氏による講演「『虐待からの回復と自立への支援』——虐待の連鎖を断ち切るために教育現場ができること」研修会記録（2017年3月1日）を参考に筆者作成。

第7章　子どもたちと保健室の関わり

第4節 中学校での実践

1 田島中学校での「性・生教育」から「『生きる』教育」へ

　2018年度に生野南小学校から進学先の田島中学校へ異動となった。田島中学校では暴言・暴力という状況はほとんどなく，見た目には落ち着きのある学校であった。しかし，学校アンケートによる「自分にはよいところがありますか」の設問で肯定的回答は70%以下であり，大阪府や全国の平均よりも低い状況であった。これは生野南小学校でも見られた自己肯定感の低さと重なる部分であった。表面上に見えない生徒の様子は不登校，不適応による保健室来室，心因性によるしんどさの多さとなって現れていた（**図7−10**）。

図7−10　田島中学校の生徒の様子

■自分には，よいところがある。（学校アンケート）

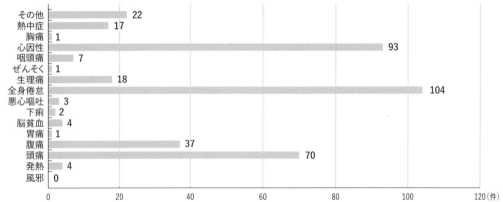

■内科的な来室（2022年4月〜10月）

項目	件数
その他	22
熱中症	17
胸痛	1
心因性	93
咽頭痛	7
ぜんそく	1
生理痛	18
全身倦怠	104
悪心嘔吐	3
下痢	2
脳貧血	4
胃痛	1
腹痛	37
頭痛	70
発熱	4
風邪	0

　小学校のときに見られた「愛されたい」「大切にされたい」という欲求は，暴力・暴言という行動や感情爆発となって表現されていた。しかし思春期になると心の寂しさや不安

に対して，外向きに発散するのではなく，自分の内面に向かって攻撃しているかのように見えた。自分を責めたり，自傷行為という行動になったり，何かに依存するという姿もある。

「『生きる』教育」を受けた子どもたちや，児童養護施設においても心理教育を十分受けている子どもたちだが，思春期の揺れは凄まじいものがある。アタッチメント形成不全を抱える生徒は，自己がうまく統合できず，「なんかしんどい…」という時期が訪れる。過敏なトラウマ反応が続くと，教室での不適応となり授業に行けないこともある。「愛されたい」「大切にされたい」が恋愛感情と重なると，対等な関係性を築けないまま自分を傷つけてしまう状況に陥ることもある。思春期における恋愛や交際が，自分や他者を傷つけないためには，正しい知識と価値観が喫緊の課題であると考え，専門家による講義と性に関する指導，のちに生野南小学校と共同して「性・生教育」として系統的に学びを進めていった（表7-5）。

表7-5　田島中学校　「性・生教育」年間計画

1年	思春期について考えよう	①思春期の体と心の変化について考える（保健体育） ②心身の機能の発達と心の健康（保健体育・総合）【助産師による性教育】 **③思春期の脳と心とからだとわたし～トラウマとアタッチメント～（特別活動）**
2年	性と生について考えよう	①性情報への対応と性犯罪被害の防止（総合） **②リアルデートDV ～支配と依存のメカニズム～（特別活動）** ③多様な性について考える（特別活動） ④生命誕生【助産師による性教育】（総合）
3年	未来について考えよう	①性行動について考える（特別活動） ②性感染症について考える（保健体育） ③自分も相手も大切にする～幸せになるための授業（総合）～ 　　　　　　　　　　　　　　　　　　　　　　　　　【講師：辻由起子氏】 **⑤社会のなかの親と子～子ども虐待の事例から～（特別活動）** ⑥赤ちゃん先生（総合）【NPO法人ママの働き方応援隊】 ⑦生涯にわたる体と心の健康を守るため（総合） 　　　　　　　　　　　　　　　　　　　　　【助産師による性教育】

※太字になっているものが，生野南小学校「『生きる』教育」の学習内容である。

2　終わりに ── 「『生きる』教育」に携わって

生野南小学校，田島中学校，そして2022年度には田島南小中一貫校（生野南小学校と田島小学校が統合）が田島中学校内に開校し，14年間にわたり養護教諭としてこの地域と子どもたちに関わってきた。子どもたちは「『生きる』教育」・「性・生教育」を学ぶ過程で，困ったことや悩みは授業のなかで友達と解決する経験をしている。本校の子どもたちにとって「相談」というハードルはとても低い。子どもたちのなかでは気軽に相談し合い，困ったらすぐに大人に相談にやってくる。それがナイーブで深刻な悩みであっても……だ。在校生だけに限らず，卒業生からのSOSとして虐待，性の問題，お金の問題など多岐にわたる。

養護教諭の力では解決できないものがほとんどのため，他の教職員，福祉・行政・NPOなどの支援機関と繋ぐことが多いが，「相談」したことで，自分自身で答えを出し，次のステップに進む子どもたちも多くいる。子どもたちには「助けを求める力：受援力」が育ち，存分にその力を使ってはいるが，それは決して他者への依存ではなく，自立への道なのだなと感じることがある。一方，「相談」や受援を受け止める力が，大人側に存分にあるのかといわれると，はっきりと言えない。しかし，トラウマ・インフォームド・ケア（Trauma-Informed Care）の視点は少しずつ浸透し，子どもたちの不適応な行動や言動にたいして，「トラウマなのかもしれない」「アタッチメントの問題を抱えているのでは？」との声が，職員室から少しずつ聞こえるようにもなっている。子どもの人格を否定するのではなく，行動の背景を見つめる教職員集団の温かさに救われている。

　中学校1年生の子が，精神的に不安定になり保健室にやってきた。その子との出会いは小学校1年生であり，およそ5年ぶりの再会のなか，ぼそっと「先生はずっとおるなあ」というつぶやきがあった。失ったり，あきらめたり，裏切られたりたくさんのトラウマを塗り重ねていった子どもたちにとって，変わらないものがあるということがとても重要なことなのだと気づき驚いた。

　学校というのは人事異動により人は変わっていく。しかし学校や保健室の文化，そして「『生きる』教育」という文化を引き継いでいかなればならないと感じた。

　「『生きる』教育」を振り返ると，たくさんの子どもたちの姿と言葉が思い出される。

　「お前に何がわかんねん，どうせお前もおらんくなんねやろ」

　今なら，その言葉の意味がよくわかるような気がする。少しだけ開いた心からあふれた魂の叫びに，耳を傾けるためには，大人が子どもたちと同じ景色を見ようとするかどうかだ。見たくないからと言い，蓋をしていないか，教員だから偉いとか権威があるとかそんなことを取り払って，子どもたちの声を真剣に考える。

　「人はひとりではない，社会のなかで生きている。みんなと生きている」──中学校3年生の「『生きる』教育」の授業の締めくくりの言葉である。

　子どもたちを孤独にしないためにも，子どもたち一人ひとりとしっかり向き合っていく。そして，やがて笑顔で保健室から仲間のものへ帰っていければ……それが養護教諭の何よりの喜びである。

　最後に子どもたち，さまざまな個性あふれる教職員，管理職，保護者，地域の皆さん，田島童園，西岡加名恵先生をはじめ専門家の方々との出会いが何より自分の財産です。ご縁を紡いでいただき，ありがとうございました。

藤本睦子先生への
インタビュー

インタビューまとめ　西岡加名恵

田中梓先生は，生野南小学校の子どもたちが進学する中学校でも，「性・生教育」を行いたいと考え，田島中学校に異動後，「性・生教育」（「『生きる』教育」の田島中学校での名称）を開始された。藤本睦子先生は，当時の田島中学校校長であり，当時の様子について，お話を伺う機会をいただいたので，以下，その内容を紹介しよう。インタビューは，2023年10月11日，田辺中学校校長室で行った（ここでは，読みやすさを優先して，お話を再構成している）。

1．生徒の誕生日に詩を贈り祝う

小学校の校長を4年間担当してから，2018年度以降，田島中学校で3年間，校長を務めました。小学校に勤めていたころから，誕生日の子ども一人ひとりに詩を贈る活動を行っていました。

2020年にコロナ禍が起こり，学校休業等学校現場は混乱しました。昼食時は黙食となり，そのときに不自由な思いをしている生徒のリクエストに応えて昼食時に音楽を流す活動をしたりするなど，子どもたちのために何かできないかといろいろなことに取り組みました。たとえば，「うっせぇわ」という曲は，学校文化にはなじみにく

い曲だと思いますが，不登校気味の子どもが何度かリクエストし心待ちにしていたので，ちょっとだけ流したところ，他の子どもたちがびっくりしていました。そんな生徒たちとのやり取りが楽しく，私のほうが幸せな気持ちをもらっていました。

田島中学校は生徒数が少ないので，誕生日に詩を贈る活動ができると思い，3年間取り組むことができました。子どもたちのなかにはいろいろな事情のある生徒もいました。そういった子どもたちにも，「あなたは大切な人なんだ。かけがえのない命なんだ」ということを，みんなで拍手してお祝いしたいという願いがありました。

全生徒の前で誕生日を知らせるということは個人情報の観点から望ましくないと判断されるのかもしれませんが，当時は，全校集会で全校生徒から「誕生日おめでとう」というお祝いをしてもらうことで，しんどい思いをしている生徒もそうでない生徒も，仲間がいることのよさや自分を大切にしてほしいなぁと思っていました。

田島中で3年間ともにした生徒たちが卒業時にわざわざ集めてくれたお礼のメッセージは，私にとって宝物です。

2．養護教諭と授業者が協力し，
　指導案を開発

さて，田中梓養護教諭は，私と同時に田島中学校に着任しました。田中先生から，「性・生教育」に取り組みたいと聞いたときには，「どういった内容なの？　大丈夫かなぁ…」と感じました。ただ，中学校で実際に起こるさまざまな事案をふまえると，

子どもたちに自分の生き方をしっかりと考えさせ，お互いを大事にすることを学ばせるような取り組みは必要だ，と私も感じました。大阪市や文部科学省の指定を受けたことで，指導主事や専門的な講師の先生方にも来ていただく体制を整えることができ，生野南小学校から田島中学校の9年間通した指導案を開発していくことができました。

「性・生教育」を実施するにあたり，授業者の教師たちは共同で指導案を練りに練ってつくっていきます。私にできたことは見守って，「どんどんやって」と励ますことぐらいだけでした。もちろん「行き過ぎかな」と気になったところは話し合って検討してもらいました。当時は，教員のなかにも「この授業をする必要があるのか？」という疑問の声もあり，全員が諸手をあげて賛成というわけではありませんでしたが，しんどい子どもの状況を一番身近に見てきた田中先生の知識や熱意が担任の先生方とつながり，協力しながら進めていくなかで，理解者が1人2人と増えていきました。子どもたちを受容する力のある先生方が悩みながら粘り強く田中先生と対話し，指導案づくりに取り組んでくれました。

「性・生教育」のなかでは，ティーンズヘルスを学んで自分の生きざまを考えたり，助産師さんや赤ちゃん先生と出会ったり，竹内和雄先生のご協力を得てスマホの授業を実施したりしました。子どもたちの成長を目の当たりにしたり，報道で注目されたりするなかで，最初はこの授業に対して疑問視されていた先生も，「『生きる』教育」の大切さを感じてくださいました。

3. 生き方を考えることが成長へつながる

中学生は，とくに生き方に悩む時期です。思春期特有の悩みをもち，自暴自棄になることもあります。「性・生教育」では，命と身体を大切にすることを教えます。正解は一つではないから，子どもたちがお互いに自由に意見を交換するなかで，さまざまな考え方があることがわかり，視野が広がります。しっかりと考える力がつくだけでなく，一歩立ち止まって自分を客観視する力もつきます。そうすると感情に流されることなく，自分のあるべき姿や成長しようとする意欲も高まっていくのだと思います。

この取り組みは，子どもたちの学力向上にもつながっていったと感じています。自分の生き方を考えることで，将来についても考え，進路選択についても真摯に向き合っていきました。進路獲得に向けて，子どもたちの学習する姿にも目を見張るものがみられ，成績もぐんぐん伸びました。その姿が凛々しく頼もしく感じたものでした。

「性・生教育」に取り組むなかで先生方が教材づくりや教材研究の楽しさに気づいたことは，普段の授業づくりにも良い影響を与えたと思います。あるとき，学校に来られた方が，「学校に入ると，整然と子どもたちの合唱の声が響き，感動した」と言ってくださいました。私たちだけではなく，外部の人たちも子どもたちの変容に気づいてくれたのです。子どもたちが輝き，成長する姿にふれ，子どもたちのために一生懸命がんばる教職員の皆さんと過ごした時がとても幸せなことだったと思っています。

おわりに ── 奇跡的な出会いに感謝して

　生野南小学校の実践を初めて知ったのは，インターネット上に転載された新聞記事を読んだときのことでした。「大阪・生野南小が実践『生きる教育』」（『産経新聞（夕刊）』2020年8月26日付）という記事では，かつて暴力が多発していた生野南小学校で開発された独自の教育プログラム「『生きる』教育」が紹介されていました。しかしながら，私が「『生きる』教育」以上に興味を引かれたのは，当校が国語科教育を中心に学力向上にも力を入れているという点でした。社会経済的に厳しい環境にある子どもたちの教育においては，ややもすれば「ケア」が強調され，「学力」はむしろ子どもたちを追い詰めるものとして忌避されることすらあります。そうしたなか，学力向上を正面にすえている当校に，いつか見学に行ってみたいと思いました。

　翌2021年2月27日，土曜日で家にいるときに，たまたま序章で紹介した『かんさい熱視線』の再放送を観ることができました。「あの学校だ！」と慌てて録画ボタンを押し，視聴して，男の子たちの温かい対話の様子に目を奪われました。ますます生野南小学校のことを知りたくなり，これほどの実践をしている学校のことなら本になっているはず……と，インターネット上でいろいろと検索をかけてみたのですが，本は見つからず……。しかし，Facebookでは研究部長の小野太恵子先生が見つかったので，Messengerで「［Facebook上の］『友達』になっていただけないでしょうか」とご連絡しました。

　その日のうちに3月3日の研究授業に誘っていただき，本シリーズ第1巻第3章で報告している「考えよう みんなの凸凹──障害理解教育」の授業を見学しました。新型コロナウイルス感染症の影響下にあったこともあり，当日はオンラインでの見学をお願いしました。「メディアでは，良いところだけを切り取って紹介することもあるからなぁ……」と，正直，それまでは半信半疑だったのですが，授業が始まるやいなや，子どもたちがワークシートに鉛筆を走らせるスピード，先生の話に聞き入る様子，グループワークや全体での意見交流で交わされる温かい言葉の数々，さらには大幅な授業延長をものともしない集中力に，びっくりしました。──探し求めていた実践がここにある，と気づけば涙がぽろぽろとこぼれていました。

　「書籍の刊行予定はないのですか？」と小野先生にお尋ねすると，「作り方がわからないのです。やりたいのですが」というお返事。すぐに日本標準の郷田栄樹さんに電話をしました。「郷田さん，どうしても本にしたい実践があるの！」と説明したところ，二つ返事で引き受けてくださり，生野南小学校教育実践シリーズ（全3巻）の企画が立ち上がりました。

　カリキュラム研究者として私自身が一番作りたかったのは，実は，この第3巻です。「荒れ」を克服し，学力を向上させ，独自の「『生きる』教育」を生み出した先生方の足跡は，どこにも文字化されていませんでしたが，その「学校づくり」のあり方は，きっと，今，困難に直面している多くの学校にとって道しるべになると考えました。

　折しも文部科学省が2023年10月に公表した「令和4年度 児童生徒の問題行動・不登校等生徒指導上の諸課題に関する調査結果」によれば，学校におけるいじめの認知件数，暴力行為の発生件数，不登校とされる児童・生徒の数は過去最多を記録しています。教師たちを困らせる子どもたちは，実は一番，困っている子どもたちです。生野南小学校の実践が，

全国の先生方にとって明日の実践づくりのヒントとなり，幸せな学校生活を送ることのできる子どもたちが増えることを願ってやみません。

　私が生野南小学校に足しげく通った2021年度は，奇しくも生野南小学校のラストイヤーでした。奇跡のような小学校が，こうしてなくなってしまうのか……と，終業式にはしんみりとしてしまいましたが，大半の担任の先生方が引き続き田島南小学校にお勤めになるという木村幹彦校長のお話に，子どもたちは大喜びしていました。

　そして，統合後の田島南小中一貫校で，小野先生・別所美佐子先生・田中梓先生をはじめとする先生方は，さらにバージョンアップした「『生きる』教育」の授業づくりに，以前にも増して精力的に取り組んでおられます。一方，南市岡小学校に一人，校長として着任された木村先生は，当校で，南市岡小学校バージョンの「『生きる』教育」の実践づくりに取り組んでおられます。

　当初は3巻本として企画した本シリーズでしたが，第4巻として，田島南小中一貫校の指導案集も刊行する運びとなりました。京都大学大学院教育学研究科E.FORUMでは，「『生きる』教育」に関する連続研究会も開催しています（https://e-forum.educ.kyoto-u.ac.jp/）。本シリーズをご覧になってご関心をもってくださった皆さまには，ぜひ，連続研究会にもご参加いただければ幸いです。

　なお，本書の刊行にあたって，本当に多くの方々に支えていただきました。西澤哲先生には専門的な用語の使い方などについてご助言いただきました。また辻由起子先生には，「『生きる』教育」導入時の経緯など，詳しくお話を伺う機会をいただきました。山元ひとみ先生，木村幹彦先生，藤本睦子先生，菊井威先生，小野太恵子先生，別所美佐子先生，田中梓先生はじめ，旧 生野南小学校・田島中学校の先生方には，本書の執筆やインタビューへのご協力，資料のご提供などをご快諾いただきました。ヴィダル加奈様には，木村先生の生活指導のあり方について生徒目線からの貴重な知見をご提供いただきました。本当にありがとうございました。

　生野南小学校の実践を知って出版計画を立て始めたとき，恩師・田中耕治先生に「実践を紹介するなら，中途半端にではなく，ちゃんとした研究として取り組みなさい」と言われたことで，覚悟を決めることができました。山下晃一先生・川地亜弥子先生には，生野南小学校の実践について日本教育学会・日本カリキュラム学会で発表した折に，それぞれ指定討論者としてご意見をいただきました。学会や研究会・授業などで実践の様子を報告した際，強い関心をもって聞いてくださった皆さまの声に，大いに励まされました。本書に収録した「平和教育」の授業のテープ起こしは，明石寛太さんが担当してくれました。郷田栄樹さん・大澤彰さん・佐賀大夢さん・松井理恵さんはじめ日本標準の皆さまにも多大なご尽力をいただきました。なお，当校での調査については，JSPS科研費18H00976・23H00928の助成を受けました。

　本書の刊行に至るまでご支援くださった，すべての皆さまに心より感謝申し上げます。

　2024年2月

西岡加名恵

編著者・執筆者・授業者等一覧

編著者

小野太恵子	大阪市立生野南小学校（実践時，現 大阪市立田島南小学校）
木村幹彦	大阪市立生野南小学校校長（実践時，現 大阪市立南市岡小学校校長）
西岡加名恵	京都大学大学院教育学研究科教授

執筆者

菊井 威	大阪市立生野南小学校（実践時，現 大阪市立田島南小学校）
田中 梓	大阪市立生野南小学校／田島中学校［養護］（実践時，現 大阪市立田島中学校）
別所美佐子	大阪市立生野南小学校（実践時，現 大阪市立田島南小学校）
山元ひとみ	元 大阪市立生野南小学校校長

インタビューにてお話をまとめさせていただいた方々

ヴィダル加奈	大阪市立大正東中学校卒業生
藤本睦子	大阪市立田島中学校校長（実践時，現 大阪市立田辺中学校校長）

実践等を紹介させていただいた方々

大阪市立生野南小学校（実践時，現 大阪市立田島南小学校）
　礒谷容子[*]
　猪子智也
　後藤裕美（現 アフタースクール スマイルステーション代表）
　櫻淵幸二［管理作業員］（現 大阪市立平野中学校）
　宍戸誠一郎（現 大阪市立北恩加島小学校）
　中島裕子（現 大阪市立阪南小学校）
　山阪美紀

大阪市立田島中学校
　紙原大輔
　西村建一郎

　金光敏　常磐会学園大学・常磐会短期大学兼任講師

（所属は 2024 年 2 月現在，＊は所属なし）

※ 2022 年 4 月より生野南小学校と田島小学校を統合した田島南小学校が田島中学校敷地内に新設され，田島南小中一
　貫校として施設一体型の小中一貫教育が進められている。
※「田島南小中一貫校」は愛称。正式の学校名は「大阪市立田島南小学校」「大阪市立田島中学校」である。

[編著者紹介]

小野太恵子（おの たえこ）
大阪市立田島南小学校教諭

2005年，大阪市立塚本小学校に講師として入職，鶴町小学校講師，矢田北小学校教諭を経て，2012年，生野南小学校へ着任。生野南小学校では，研究部長として学力向上に向けた取り組みを進めつつ，トラウマ・アタッチメントの視点を授業づくりに取り入れた『「生きる」教育』の実践開発に取り組む。
主な著書に，本シリーズ第1巻『『生きる』教育』』（共編著，2022年），第2巻『心を育てる国語科授業』（同，2023年），第4巻『「『生きる』教育」全学習指導案集』（同，2024年）[以上，日本標準]。

木村幹彦（きむら みきひこ）
大阪市立南市岡小学校校長

1985年，大阪市立港南中学校に社会科教諭として入職。その後，2校に勤務し，全国特別活動研究大阪大会で「生徒の自主的な生徒会・委員会活動の育成」を基調提案。また，顧問として指導した柔道部は大阪中学校柔道大会で優勝する。2008年，田島中学校教頭となり，2011年，生野南小学校へ教頭で異動。のち，校長となる。「子どもが問題を起こすのは，まだ教えてもらっていないだけ。人人がまだ十分に教え切れていないだけ」が信条。
主な著書に，本シリーズ第1巻『『生きる』教育』』（共編著，2022年），第2巻『心を育てる国語科授業』（同，2023年）[以上，日本標準]。

西岡加名恵（にしおか かなえ）
京都大学大学院教育学研究科教授

さまざまな学校と連携して，カリキュラムの改善やパフォーマンス評価の活用などに関する共同研究開発に取り組んでいる。日本学術会議第26期会員，日本教育方法学会理事，日本カリキュラム学会理事，教育目標・評価学会代表理事，文部科学省中央教育審議会教育課程部会臨時委員など。
主な著書に，『教科と総合に活かすポートフォリオ評価法』（単著，図書文化，2003年），『教科と総合学習のカリキュラム設計』（単著，図書文化，2016年），『「資質・能力」を育てるパフォーマンス評価』（編著，明治図書，2016 年)），『教科の「深い学び」を実現するパフォーマンス評価』（共編著，日本標準，2019年），『「逆向き設計」実践ガイドブック』（共編著，日本標準，2020年），『新しい教育評価入門（増補版）』（共編著，有斐閣，2022年），本シリーズ第1巻『『生きる』教育』』（監修，2022年），第2巻『心を育てる国語科授業』（共編著，2023年），第4巻『「『生きる』教育」全学習指導案集』（監修，2024年）[以上，日本標準]。訳書に，グランド・ウィギンズ＆ジェイ・マクタイ『理解をもたらすカリキュラム設計』（日本標準，2012年）など。

生野南小学校 教育実践シリーズ　第3巻
子どもたちの「今」を輝かせる学校づくり
──トラウマ・インフォームド・エデュケーション──

2024年3月30日　第1刷発行

編著者──────小野太恵子・木村幹彦・西岡加名恵
発行者──────河野晋三
発行所──────株式会社 日本標準
　　　　　　　〒350-1221　埼玉県日高市下大谷沢91-5
　　　　　　　電話　04-2935-4671
　　　　　　　FAX　050-3737-8750
　　　　　　　URL　https://www.nipponhyojun.co.jp/
印刷・製本──────株式会社 リーブルテック

©Ono Taeko　Kimura Mikihiko　Nishioka Kanae　2024　　　Printed in Japan
ISBN 978-4-8208-0728-5